Die Autorin
Heike Mehmke ist Diplom-Psychologin. Als Expertin für Lern- und Leistungsstörungen, Stressmanagement und Motivation arbeitet sie in eigener Praxis in Göttingen. Ihr Tätigkeitsbereich umfasst lösungsorientierte Kurzzeittherapie, Coaching und Supervision für Einzelinteressenten und Gruppen. Darüber hinaus bietet sie Fortbildungen in Energetischer Psychologie an.
In Seminaren und Vorträgen zu Themen wie Selbstmotivation, Selbstmanagement und Work-Life-Balance gibt sie ihr Wissen an Interessierte weiter. Zu ihren Auftraggebern zählen u. a. die Universität Göttingen, die Fachhochschule Holzminden (HAWK), die Deutsche Lufthansa und das BHW.
Weiteres zur Autorin: www.heike-mehmke.de

Außerdem lieferbar:
Michael Bohne: Klopfen gegen Lampenfieber (rororo 62372)
Dirk Treusch: Klopfen gegen Rauchen (rororo 62411)
Uta Kronhage: Klopfen gegen Schmerzen (rororo 62442)
Michael Bohne: Feng Shui gegen das Gerümpel im Kopf (rororo 62243)

Heike Mehmke

Klopfen gegen Arbeitsfrust

Einfach die Motivation steigern

Energetische Psychologie praktisch
Herausgegeben von Dr. Michael Bohne

Rowohlt Taschenbuch Verlag

Hinweis:
Ziel dieses Buches ist es, Ihnen die Techniken der Energetischen Psychologie als Selbsthilfetechnik näherzubringen. Als Selbsthilfeverfahren wird weder ein psychodiagnostischer noch ein psychotherapeutischer Anspruch erhoben. Selbsthilfeverfahren sind bei schwerwiegenden bzw. tiefergehenden Schwierigkeiten und Problemen nur von begrenztem Nutzen und kein Ersatz für eine Psychotherapie.

Die Anwendung der in diesem Buch beschriebenen Klopftechniken und Übungen liegt im Verantwortungsbereich des jeweiligen Anwenders.

Entdecken Sie beim Lesen und Ausprobieren Ihre Begeisterung für dieses Verfahren. Sie können sich auch bei einem erfahrenen Ausbilder schulen lassen.

Widmung:
Für Luise, Katharina und Marie

Originalausgabe · Veröffentlicht im Rowohlt Taschenbuch Verlag, Reinbek bei Hamburg, Dezember 2008 · Copyright © 2008 by Rowohlt Verlag GmbH, Reinbek bei Hamburg · Lektorat Bernd Gottwald · Umschlaggestaltung ZERO Werbeagentur, München · (Foto-/Illustrationsnachweis: masterfile; Mauritius; Titelillustration: Marcus Zimmermann) · Illustrationen Marcus Zimmermann, deluzi, Berlin, www.deluzi.de · Satz Quadraat (InDesign) bei Pinkuin Satz und Datentechnik, Berlin · Druck und Bindung C. H. Beck, Nördlingen · Printed in Germany · ISBN 978 3 499 62454 4

Inhalt

Vorwort des Herausgebers   7

Einleitung   9

Arbeit als Stressfaktor   12

- Die Bedeutung der Arbeit   15
- Motivation – was ist das?   17
- Motivation und Energetische Psychologie   20
- Klopfen: Emotionales Selbstmanagement   24

Klopfen gegen Arbeitsfrust: Emotionales Selbstmanagement in belastenden Arbeitssituationen   28

- Die bifokale Brille   28
- Die 8 Schritte des emotionalen Selbstmanagements   31

Arbeitsfrust und seine Auswirkungen   53

- Die Last des Alltags: Körpersignale   53
- Das tägliche Geschäftsgesicht: Verhalten   56
- Mangelndes Selbstwertgefühl: Gedanken   58
- Bewältigungsstrategien: Ersatzbefriedigung   61
- Soziales Umfeld   62

Arbeitsfrust und seine Ursachen   66

- Nie wirklich entschieden   67
- Die Arbeit frisst sie auf   69
- Erfolgreich, aber leer   72
- Konflikte mit Kollegen   74

Weitere Strategien für mehr Arbeitszufriedenheit   77

- Erfolgssaboteure – Die Big Five   77
- Selbstwertgefühl steigern: Werbeclaims und Imagination   83

Mehr Selbstbestimmung   91

- Selbstbewusstsein – Der Weg zu neuer Kraft!   92
- Perspektivwechsel – Das Glas ist halbvoll   93

Meine Wünsche und Bedürfnisse   97

- Veränderung – So geht's!   100
- Mut, Geduld und Zuversicht   106
- Ein Wort zum Schluss   108

Anhang   109

- Literatur   109
- Anmerkungen   110

Vorwort des Herausgebers

Als Herausgeber der «Reihe Energetische Psychologie praktisch» freue ich mich sehr, Heike Mehmke für das vorliegende Buchprojekt gewonnen zu haben. Heike Mehmke hat jahrelange Erfahrung in der Unterstützung von Menschen, die, obwohl sie eigentlich für ihre Sache (ursprünglich) begeistert sind, sich plötzlich von einer Motivationsblockade übermannt erleben und etwas entwickeln, was im Fachjargon auch «Arbeitsstörung» genannt wird. Da wir in einer Arbeitsgesellschaft, in der Arbeit als einer der höchsten Werte gilt, ein fundamentales Problem haben, wenn wir nicht mehr zielgerichtet und effizient arbeiten können, wird deutlich, wie existenziell dieses Thema für den einzelnen Menschen, aber auch für die Gesellschaft ist.

Dass in solchen Situationen das einfache «Reden über das Problem» Grenzen hat, liegt daran, dass es meist emotionale Blockaden und tiefsitzende, am Selbstbewusstsein nagende Glaubenssätze sind, die das Problem aufrechterhalten. Bei diesen beiden Problemen haben sich die Klopftechniken der Energetischen Psychologie als ausgesprochen hilfreich erwiesen.

Deshalb werden Sie in diesem sehr informativen Buch neben Erklärungen zu den Phänomenen Motivation, Arbeitsfrust sowie Arbeitslust auch die Möglichkeit haben, eigene Themen mit der Klopftechnik anzugehen. Möglicherweise werden Sie die Klopftechnik zunächst ungewöhnlich, skurril oder eigenartig empfinden. Das ist bei neuen, innovativen und kulturfremden Themen normal. Die Energetische Psychologie ist eine neue Technik mit uralten Wurzeln. Ich lade Sie ein, mit den hier vorgestellten Techniken zu experimentieren. Lassen Sie sich überraschen.

Ich wünsche Ihnen, liebe Leserinnen und Leser, viele neue Erkenntnisse und hoffe, dass Ihnen das Buch behilflich sein wird. Dem Buch und der Autorin wünsche ich viel Erfolg.

Dr. Michael Bohne

Dr. med. Michael Bohne ist Facharzt für Psychiatrie und Psychotherapie und einer der erfahrensten Experten für Energetische Psychologie in Deutschland. Er bildet Psychotherapeuten, Ärzte und Coaches in Prozessorientierter Energetischer Psychologie (PEP) aus.

Mehr unter *www.dr-michael-bohne.de*

Einleitung

Es ist besser, eine Kerze anzuzünden,
als über die Dunkelheit zu klagen.
Chinesisches Sprichwort

Arbeitsfrust und Motivationsschwierigkeiten sind heute in der Arbeitswelt weitverbreitete Themen. Der Büchermarkt ist voll von praktischen
Anregungen und Selbsthilfeanleitungen, um innere Schweinehunde zu
überwinden, aus Stimmungstiefs und Bewegungslosigkeit herauszukom-
men und endlich glücklich zu werden. Diese Ratgeber sind jeder für sich
wunderbar und nützlich. Selbstkontrollbögen, Brainstorming-Anwei-
sungen und Entscheidungsübungen sind hilfreich und außerordentlich
wichtig, um in Bewegung zu kommen und Auswege aus ‹Sackgassen› zu
beschreiten.

Vielfach jedoch liegen die Anweisungen im Schrank, am Bett oder
auf dem Schreibtisch, eine Umsetzung der Inhalte gelingt kaum oder
gar nicht. Bei den meisten Lesern[1] und Anwendern lassen sich oftmals
innere Blockaden und Widerstände finden, die ihre Bestrebungen nach
Veränderung bewusst und/oder unbewusst sabotieren.

‹Ich bin total blockiert›, klagte vor einiger Zeit ein guter Freund von
mir. ‹Ich lese Stellenanzeigen, habe Wünsche und Ideen und schaffe es
nicht, sie in die Tat umzusetzen. Ich habe das Gefühl, dass mich etwas
hindert, was ich mit meinen Gedanken und Überlegungen nicht greifen
kann.›

‹Klopfen!› war meine spontane Empfehlung und erntete zunächst
einen verständnislosen Blick.

‹Klopfen› steht synonym für ein Paket von Übungen und Techniken
aus der Energetischen Psychologie. Diese Methoden basieren, wie die
Akupunktur, auf der Meridiantheorie und beeinflussen das Energiesys-
tem des Körpers. Unangemessene, belastende Gefühle und Gedanken
können mit ihnen einfach und vergleichsweise schnell positiv verändert
werden.

Der Psychiater und Psychoanalytiker John Diamond und der Psychologe Roger Callahan entwickelten als erste Klopfstrategien zur Behandlung von emotionalen Problemen. Gary Craig nutzte unter anderem deren Erkenntnisse für seine einfach anzuwendende Selbsthilfetechnik, die EFT[2]. Der Psychologe Fred Gallo fasste zur gleichen Zeit verschiedene wirksame Vorgehensweisen aus dem Bereich der Energetischen Psychologie zusammen und lehrt seit einigen Jahren seinen eigenen differenzierten Ansatz, den er als EDxTM[3] bezeichnet. EDxTM findet im Bereich der Psychotherapie sowohl bei Ärzten als auch bei Psychologen breiten Anklang. Der Arzt und Psychotherapeut Michael Bohne entwickelte diese Klopftechnik weiter. Er richtet sein Hauptaugenmerk auf negative, dysfunktionale Gefühle und direkt damit zusammenhängende dysfunktionale Glaubenssätze, Denkstile und Selbstbeziehungsmuster. Ein ressourcen- und lösungsorientiertes Vorgehen steht im Vordergrund.[4]

Wenn Sie neugierig geworden sind und gleich mehr vom Klopfen lesen möchten, schlagen Sie das Kapitel ‹Klopfen gegen Arbeitsfrust› (S. 28) auf. Wenn Sie hier weiterlesen, werden Sie einen Einblick in den Zusammenhang von Arbeit, Motivation und die Einsatzmöglichkeit der Energetischen Psychologie bekommen. Sie finden alles, was Sie brauchen, um umgehend praktisch Ihre Motivations- und Arbeitsschwierigkeiten zu verbessern. Welche Auswirkungen frustrierende und belastende Arbeitsbedingungen auf das allgemeine Wohlbefinden haben können, wird im Kapitel ‹Arbeitsfrust und seine Auswirkungen› näher betrachtet. Unabhängig davon gibt es ganz unterschiedliche Ursachen für die Entstehung von Unzufriedenheit und innerer Kündigung.

Einige dieser Auslöser werden im Kapitel ‹Arbeitsfrust und seine Ursachen› näher beschrieben. Für tatendurstige Leser empfiehlt es sich, von ‹Klopfen gegen Arbeitsfrust› gleich weiter zu den Erfolgsstrategien zu gehen (S. 77). Sie haben mit den Vorgehensweisen aus beiden Kapiteln ein Instrumentarium, mit dem Sie das Ruder wieder in die Hand nehmen können (Kapitel ‹Mehr Selbstbestimmung›, S. 91). Im Kapitel

‹Meine Wünsche und Bedürfnisse› (S. 97) sind abschließend Möglichkeiten beschrieben, wie Veränderungen im Arbeitsalltag umgesetzt werden können.

Arbeit als Stressfaktor

Kate[5], eine erfolgreiche Produktmanagerin, liegt auf der nächtlichen Dachterrasse entspannt in den Armen ihres Liebsten Leopold und seufzt: ‹Ach, wie schön, dass es noch Samstag ist.› Leopold reagiert irritiert: ‹Wieso, morgen ist doch erst Sonntag, da hast du doch noch frei?› Kate zieht die Stirn kraus und erklärt vollkommen frustriert: ‹Sonntag ist der Tag vor Montag.›

Für viele Menschen ist der Sonntag nicht mehr der Tag ‹des Ruhens und Ausspannens›, sondern der ‹Tag vor dem Montag›. Ständiges Denken an die neue Woche erfüllt sie mit Unausgeglichenheit, innerer Unruhe und Stress.

Selten ist dieser Zustand eine Folge eines einzigen Geschehens oder einer einmaligen Konstellation, meistens ist die Belastung langsam über einen längeren Zeitraum gewachsen. Angst, Wut, Enttäuschung, Verzweiflung, Scham und Schuldgefühle sind ebenso anzutreffen wie Hilflosigkeits- und Abhängigkeitsgefühle.

Natürlich ist es angemessen und richtig, verärgert zu sein, wenn etwas nicht so gelingt, wie Sie es sich vorstellen, oder wenn jemand Sie reizt. Genauso ist es stimmig, dass Sie sich für Fehler, die Ihnen unterlaufen, verantwortlich fühlen oder in schwierigen Situationen der Verzweiflung nahe sind …

Schwierig wird es dann, wenn die äußeren Ereignisse die individuelle Toleranzschwelle übersteigen und Sie keine Möglichkeiten haben oder sehen, der Belastung konstruktiv entgegenzutreten.

Die Folge ist eine Anspannungssituation, eine Stresssituation, die direkte Auswirkungen auf Ihr Denken, Fühlen und Handeln hat. Wann und in welchem Ausmaß jemand ‹gestresst› reagiert, ist von Mensch zu Mensch verschieden.

Während die einen erst anfangen, sich zu spüren und zu leben, wenn sie mindestens vier Aufgaben auf einmal lösen, sind andere, mit ansonsten gleicher Kompetenz wie Erstere, mit der Bewältigung von zwei dieser Aufgaben so eingebunden, dass sie an den Rand ihrer Kräfte kommen.

Welche Momente Stress auslösen, ob er positiv oder negativ erlebt wird und wie er am Ende bewältigt wird, ist individuell sehr unterschiedlich. Gert Kaluza erklärt Stressoren als ‹Anforderungen, deren erfolgreiche Bewältigung wir als subjektiv bedeutsam, aber unsicher einschätzen.›[6] Stressoren sind also Einflüsse von innen und außen, die uns unmittelbar betreffen und die uns in unserer Selbstsicherheit ins Schwanken bringen. Stressauslösende Faktoren sind u. a.:

- ungünstige situative Bedingungen, Hitze, Kälte, Lärm, Enge etc.,
- körperliche Faktoren, Hunger, Durst, chronische bzw. akute Schmerzen etc.,
- Über- bzw. Unterforderung,
- hohe Verantwortung,
- Termindruck,
- Konkurrenzdruck,
- Unstimmigkeiten im Team,
- Komplikationen in Arbeitsabläufen,
- interne/externe Meldungen über Entlassungen oder Umstrukturierungen.

Je bedeutsamer ein Ereignis/eine Situation für uns persönlich ist, desto bedrohlicher ist es für unsere Persönlichkeit. Je gefährdeter unsere persönlichen Ziele und Motive sind, desto größer ist der physische und psychische Stress. Die jeweilige Begebenheit kann dabei für Außenstehende eine Nichtigkeit sein.

Anhaltende stressende Umgebungsbedingungen haben zum einen direkte Auswirkungen auf die jeweilige Befindlichkeit und das Verhalten (Körpersignale, Geschäftsgesicht), zum anderen beeinflussen sie die Gedanken und Einstellungen (Kognitionen).

Jemand, der auf seine Fähigkeiten vertraut, verfügt in der Regel über

Strategien und Möglichkeiten, mit Belastungen angemessen umzugehen. Ist sein Selbstwertgefühl jedoch, aus welchen Gründen auch immer, eher gering oder im Sinken begriffen, fühlt er sich in einer für ihn schwierigen Situation schnell überfordert.

Eine Überforderung aktiviert Angst und Wut, aber auch Gefühle der Hilflosigkeit und der Ohnmacht. Die innere Ausgeglichenheit gerät ins Wanken, und eine unangenehme negative Spirale kommt in Bewegung. Angst, Wut, Hilflosigkeit etc. wirken schwächend auf das Selbstwertkonzept und erzeugen Minderwertigkeitsgefühle. Diese aktivieren wiederum Gedanken, die wie Saboteure weiter das Selbstvertrauen und die Selbstsicherheit untergraben. Sabotagegedanken, sog. dysfunktionale Kognitionen, entspringen Denkstilen, Selbstüberzeugungen und Glaubensmustern, die jedem bekannt sind. Einige Beispiele: ‹Diesen Arbeitsberg werde ich niemals schaffen›, ‹Die anderen trauen mir das eh nicht zu›, ‹Ohne Patzer gelingt mir sowieso nichts›, ‹Wieso sollten die Kollegen ausgerechnet zu mir nett sein?›, ‹Wenn einer entlassen wird, dann ich›, ‹Mein Chef sieht sowieso nicht, was ich leiste› ...

Derartige Denkmuster verstärken die negativen Gefühle vom Anfang. Damit wachsen Angst, Wut, was auch immer emotional in dieser Situation im Vordergrund steht, in unangemessener Form und Weise an und sind nun bezogen auf die Ausgangssituation dysfunktional, d. h. ihre Form und ihr Ausmaß werden dem Anlass nicht gerecht. Der Betroffene muss nun nicht nur die Situation bewältigen, sondern auch seine heftigen Gefühlsregungen kontrollieren. Der Stresspegel steigt. Flucht- und Vermeidungstendenzen verstärken wiederum Hilflosigkeit und Ohnmachtsgefühle: ein fataler Kreislauf.

Der Arbeitsalltag ist voll von Momenten, in denen man sich und sein Verhalten immer wieder in Frage stellen kann, wenn man nicht über ausreichende Bewältigungsstrategien verfügt.

Anhaltende Arbeitsüberlastung, Misserfolgserlebnisse, mangelnde Wertschätzung und Akzeptanz durch Vorgesetzte und/oder Kollegen sind nur einige der belastenden Faktoren eines Jobs. Bei Überlastung zeigen Menschen zum einen passive Reaktionsmuster wie Frustration,

Deprimiertheit, psychische und physische Erschöpfung und Vermei-
dungsverhalten, zum anderen sind aber auch aktive Verhaltensweisen
zu beobachten. Vielleicht haben Sie bei sich oder Ihren Kollegen schon
beobachtet, wie Sie/sie in stressigen Situationen unausstehlich werden.
Diesen Mitmenschen geht man dann lieber aus dem Weg. Aggressives,
abwertendes Verhalten sich selbst und/oder seiner Umgebung gegenüber
ist eine von vielen Reaktionen auf Arbeitsfrust. Je nach Persönlichkeit reagieren Menschen in einer dauerhaft überlastenden Arbeitsumgebung
früher oder später u. a. mit innerer Kündigung, Burn-out oder Depressionen. So weit sollten Sie es nicht kommen lassen.

Die Bedeutung der Arbeit

Der Schweizer Psychologe Schallberger zeigt in einer interessanten Studie, dass es jenen Personen am besten geht, die einer als spannend erleb-
ten Berufstätigkeit nachgehen und gleichzeitig in ihrer Freizeit mit ver-
hältnismäßig wenig Stress konfrontiert sind. Das Gegenteil – stressarme
Arbeit und «erfüllte» Freizeit – erweist sich in seiner Studie, entgegen
allen Vermutungen, nicht als Glücksrezept. Kurz gesagt, Menschen, die
aus ihrer Arbeit Freude und Energien bekommen, sind aktiv und zufrieden. Diejenigen, die im Berufsalltag mehr oder weniger leiden, können
auch ihre Freizeit kaum genießen und laufen Gefahr, krank zu werden.[7]

Die Aussagen des Soziologen und Flow-Forschers Mihaly Csikszentmihalyi stützen diese Aussage. Er beschreibt die Berufstätigkeit als
Hauptquelle für positive Gefühle.

Menschen definieren sich über ihre Tätigkeit und ziehen aus ihr
Selbstbestätigung, Selbstwirksamkeit und Wertschätzung. Die Freizeit,
so führt er aus, sei dem gegenüber bei vielen Menschen primär durch
Langeweile und Apathie gekennzeichnet.[8]

Im Gegensatz dazu stehen die Ergebnisse der Meinungsforschungs-
institute und der Studien zur allgemeinen Arbeitszufriedenheit. Verfolgt
man die Umfrageergebnisse der vergangenen Jahre, gehen nur 13 % der
Arbeitnehmer motiviert und engagiert an ihren Arbeitsplatz.

In einer Studie des Potsdamer Meinungsforschungsinstitutes Gallup gaben ca. 20% der Arbeitnehmer an, sich von ihrem Arbeitgeber verabschiedet und innerlich gekündigt zu haben. Ca. 65% erklärten, «Dienst nach Vorschrift» zu machen, nur ca. 13% waren mit ihrer Arbeit zufrieden und setzten sich motiviert für sie ein.

Gemeinsam ist allen Schilderungen, dass oftmals negative Gefühle wie Angst, Ärger, Hilflosigkeit und Enttäuschung vorherrschen.

Der Job ist lästige Pflicht und wird nicht selten als notwendiges Übel erlebt. Spaß und Erfüllung gibt es danach nur im Freizeitbereich, und nur das scheint, glaubt man den Medien, erstrebenswert. Jemand, der in seiner Arbeit aufgeht, sich über das «Normalmaß» engagiert und vielleicht sogar sein Hobby zum Beruf gemacht hat, gilt schnell als «Workaholic» und gerät in Gefahr, als «krank» bezeichnet zu werden.[9] Dieses Ergebnis hat sich bis heute nicht wesentlich verändert.[10]

Vor dem Hintergrund, dass wir den größten Teil unserer Lebenszeit erwerbstätig sind, sind diese Ergebnisse erschreckend. Politik, Wirtschaft und Arbeitnehmervertreter reagieren so auch nach jeder neuen Veröffentlichung betroffen und fordern Veränderungen. Letztendlich ist jedoch jeder Einzelne für sein Wohlergehen selbst zuständig. Es ist an Ihnen, die Verantwortung zu übernehmen und entsprechend zu handeln.

Die Frage ist, welche Veränderungen angezeigt sind, um die unbefriedigende Situation zu verbessern. Die Ursachen für mangelnde Motivation und Unzufriedenheit am Arbeitsplatz sind vielschichtig. Fest steht, dass unbefriedigende, stressende Arbeitsbedingungen das Denken, Fühlen und Handeln im Alltag in unangemessener Form und Weise belasten und Abhilfe nötig ist.

Die zur Zeit schnellste Möglichkeit, diesem Stress angemessen zu begegnen, ist das emotionale Selbstmanagement mittels Klopfen (s. S. 24 ff.). Bevor wir uns damit beschäftigen, möchte ich mit Ihnen zunächst einen Ausflug in die Welt der Motivation machen. Die Zusammenhänge zwischen Ihren Arbeitsbedingungen, Ihren Befindlichkeiten und Reaktionen werden dadurch nachvollziehbarer und ermöglichen Ihnen, das ‹Klopfen› problemorientiert und effizient einzusetzen.

Motivation – was ist das?

Alltagssprachlich wird der Begriff ‹Motivation› häufig mit der Bereitschaft verbunden, hohen Einsatz zu zeigen, um ein von außen sichtbares Ziel zu erreichen: den Schulabschluss, ein bestimmtes Berufsziel, aber auch die Spitze eines Berges u. Ä.

Das Wort ‹Motivation› beinhaltet das lateinische Wort ‹movere›, d. h. bewegen. Der Duden beschreibt den Begriff Motivation als «die Gesamtheit der Beweggründe, Einflüsse, die eine Handlung, o. Ä. beeinflussen».

Damit betreten wir einen der größten Arbeitsbereiche der Psychologie, die Motivationsforschung, in der Psychologen seit mehr als hundert Jahren versuchen, menschliches Verhalten zu beschreiben, zu erklären und vorherzusagen. Die theoretischen Ansätze sind vielfältig, und jeder Einzelne hat aus seinem Denkansatz heraus sehr spannende und interessante Erkenntnisse aufzuweisen. Besonders in der Schul- und Arbeitspsychologie tauchen Begriffe wie Leistungs-, Macht-, Anreizmotivation auf, die sich hochtheoretisch mit dem Thema auseinandersetzen.[11]

Für den hier im Zentrum stehenden unbefriedigenden Arbeitsbereich gilt es, eigentlich nur die einfache und doch sehr komplexe Frage zu beantworten: ‹Was muss passieren, damit ein Mensch bereit ist, sich zu ändern, und wie bleibt diese Veränderung auch bestehen?›

Allen Theorien gemeinsam ist die Annahme von Bedürfnissen, sog. Motiven, die den Menschen antreiben, die Richtung seines Handelns bestimmen und sein Verhalten leiten.[12]

In diesem Zusammenhang sind vier Bedürfnisse grundlegend für unsere seelische Gesundheit:

- Das Bedürfnis nach Kontrolle, Selbstwirksamkeit und Handlungsfähigkeit,
- das Bedürfnis nach Lust und Unlustvermeidung und damit der Wunsch nach Erfreulichem,
- das Bedürfnis nach Bindung, Sicherheit und sozialem Eingebundensein,
- das Bedürfnis nach Wertschätzung, Akzeptanz und Selbstwerterhöhung.

Diese seelischen Grundbedürfnisse sind bei allen Menschen vorhanden und bedürfen der Befriedigung. Die Ausprägungen der einzelnen Grundmotive sind individuell unterschiedlicher Natur. Hat der eine ein sehr großes Verlangen nach sozialer Nähe, Sicherheit und Eingebundensein, kann ein anderer durchaus mit wenigen Kontakten sehr zufrieden leben und gleichzeitig ein hohes Bedürfnis nach Selbstwirksamkeit und Kontrolle haben. Spannend ist, dass eine individuell ausreichende Erfüllung der Grundmotive Voraussetzung ist, damit Menschen sich frei entfalten können und geistig und emotional wachsen.[13] So ist die Erfahrung des Flow, also des Verschmelzens mit einer Tätigkeit, das vollkommene Aufgehen in einer Handlung, nur möglich, wenn die Grundbedürfnisse ausreichend erfüllt sind.

Grundvoraussetzung für eine motivierte, erfüllte Berufstätigkeit sind daher:

- das Gefühl, sich selbst und die Situation ‹im Griff› zu haben und sie beeinflussen zu können;
- die Erfahrung, dass unangenehme Aufgaben oder beschwerliche Arbeitsbedingungen angenehme Konsequenzen nach sich ziehen (z. B. Befriedigung der anderen Bedürfnisse wie Einfluss, Macht, Autonomie, soziale Anerkennung);
- loyale kollegiale Zusammenarbeit bzw. mitarbeiterfreundliche Firmenphilosophie;
- das Erleben von Kompetenz, Achtung und Wertschätzung des Berufstätigen durch sich selbst und das private und betriebliche Umfeld.

Werden eines oder mehrere Grundbedürfnisse verletzt oder dauerhaft nicht erfüllt, leiden psychische Gesundheit und Wohlbefinden des Einzelnen. Der Mensch gerät unter Anspannung und Stress, in dem unbewussten und/oder bewussten Bestreben, dem Ungleichgewicht seiner Bedürfnisse entgegenzuwirken.

Folgende Bedingungen fördern dabei passive (Frust, inneren Ausstieg, s. o.) bzw. aktive (aggressive) negative Reaktionen:

- Unfreiheit und Abhängigkeit,
- Ausgeliefertsein,
- Machtlosigkeit,
- Hilflosigkeit,
- Ohnmacht,
- Perspektivlosigkeit,
- nicht beachtet werden,
- Entwertung durch sich selbst oder Außenstehende.

Welche Auswirkungen dies für den Einzelnen haben kann und wie die anderen damit umgehen, können Sie im Kapitel ‹Arbeitsfrust und seine Auswirkungen› (S. 53) lesen.

Neurophysiologisch ist heute nachweisbar, dass einige Motive im limbischen System tief verankert sind und damit einen maßgebenden Einfluss auf unsere Affektsteuerung, also auf unsere Emotionen, haben. Das limbische System ist bewussten Denkprozessen in der Regel nicht zugänglich und nur durch somatische und emotionale Wahrnehmungen erschließbar, also durch körperliche Symptome bzw. Gefühle.

Antonio Damasio spricht im Zusammenhang mit somatischen Wahrnehmungen von ‹somatischen Markern› und meint damit das sog. ‹Bauchgefühl›. Besonders in Entscheidungsprozessen spielt das Bauchgefühl eine wichtige Rolle. Sollen Sie z. B. aus einer Speisekarte ein Gericht auswählen, werden Verstand, Erfahrung und Gefühl in Ihrem Körper rasend schnell koordiniert und bestimmen so intuitiv Ihre Auswahl. Umgangssprachlich haben Sie sich ‹aus dem Bauch heraus entschieden›. Sowohl bei so kleinen als auch bei großen, weitreichenden Entscheidungen spielt die Intuition, das Bauchgefühl, eine maßgebende Rolle.

Wie wird das Bauchgefühl erklärt? Der Körper reagiert intuitiv auf Situationen und Ereignisse. Die Intuition ist uns in die Wiege gelegt und in Form eines sog. emotionalen Erfahrungsgedächtnisses abgespeichert. Jeder Moment in unserem Leben löst einen ‹Datenabgleich› in unserem Gehirn aus: Jede Information, also jeder Geruch, jedes Bild, jeder Geschmack, jeder Ton, lässt Bilder, Gefühle und Gedanken entstehen. Dabei laufen vergangene und assoziierte zukünftige Szenen unbewusst parallel in unserem Gehirn ab. Ist eine ähnliche Situation bekannt, wird automatisch die damit verbundene Bewertung aktiviert und gelangt als Körpersignal ins Bewusstsein. Emotionale Zustände werden durch derartige Erinnerungsprozesse mitbestimmt, somatische Marker fungieren quasi als Entscheidungshilfen, in Form von Warnsignalen oder Antriebskräften, die körperlich spürbar sind (s. Körpersignale, S. 53).[14]

Motivation und Energetische Psychologie

Wie Sie eben gelesen haben, ist für ein glückliches und ausgefülltes Leben eine ausreichende Ausgeglichenheit der Grundbedürfnisse notwendig. Dabei sind Gefühle der Selbstwirksamkeit und Handlungsfähigkeit, der Wunsch nach Erfreulichem, nach Sicherheit und sozialem Eingebundensein genauso wichtig wie das Gefühl der Wertschätzung und Akzeptanz. Nur dann können sich Menschen erfolgreich entfalten und glücklich leben.

Anhaltende Motivationsprobleme und Unzufriedenheit sind immer ein Hinweis dafür, dass die seelischen Grundbedürfnisse ins Ungleichgewicht geraten sind oder dass der Organismus momentan – aus welchen Gründen auch immer – diese Befriedigung blockiert.

Sowohl innere Ungleichgewichte als auch innere Blockaden sind

Energiefresser, die uns im täglichen Handeln die Kraft für eine konstruktive Auseinandersetzung mit unseren Belastungen nehmen.

Mit den Techniken der Energetischen Psychologie, die im sog. ‹emotionalen Selbstmanagement mittels Klopfen› zusammengefasst sind, werden diese Energiefresser ihres Einflusses beraubt. Wie Sie später im Klopfteil selbst ausprobieren können, ist es beeindruckend, wie viel Kraft mobilisierbar ist, wenn Energie- und Zeitfresser entrümpelt werden und somit nicht mehr so viel Macht über uns haben.

Eine erfahrene Lehrerin kam auf Anraten ihres Hausarztes zu einem Coaching in meine Praxis. Seit einigen Wochen hatte sie das Gefühl, den Arbeitsalltag nicht mehr bewältigen zu können. Situationen, die sonst für sie zur Routine gehörten, wurden zunehmend zu einer Belastung, immer häufiger musste sie sich krankschreiben lassen. In der ersten Sitzung wurde schnell deutlich, dass sie ihren Beruf liebte und in der Arbeit mit den Kindern aufging. Sie engagierte sich mit Leib und Seele für ihre Schüler und übernahm auch gern administrative Aufgaben im Lehrerteam. Wenn Eltern oder Kollegen um Rat und Unterstützung baten, stand sie ihnen zur Seite. Ohne es zu bemerken, hatte sie ihren Verantwortungsbereich so weit vergrößert, dass er für sie nicht mehr zu bewältigen war.

Als Folge stellte sie nicht ihren Aufgabenberg in Frage, sondern sich selbst. Sie fühlte sich hilflos und inkompetent. Wut, Trauer und Frustration darüber, dass ihr die Bewältigung ihres Alltags nicht angemessen gelang, standen in den ersten Gesprächen im Vordergrund.

In fünf Sitzungen im Abstand von drei bis vier Wochen bearbeiteten wir mit den Techniken der Energetischen Psychologie einzelne belastende Situationen bzw. Erlebnisse aus ihrem Alltag.

Im Vordergrund stand zunächst, ihre Wertschätzung und Achtung sich selbst gegenüber zu verbessern (s. Selbstakzeptanzübung, S. 37), die aufgrund ihrer Erlebnisse sehr beeinträchtigt war.

Das anschließende Klopfen der Meridiane löste ihre der jeweiligen Situation unangemessenen, dysfunktionalen Gefühle von Wut und Trauer auf. In einem weiteren Schritt wurden ihre negativen Selbstaussagen und Denkstile wie ‹Ich schaffe ja gar nichts mehr›, ‹Alle anderen sind viel belastbarer als ich› ebenfalls mit der

*Selbstakzeptanzübung behandelt. Am Ende einer Sitzung verließ sie mich ent-
lastet, erleichtert und frisch motiviert, ihren Alltag zu bestreiten.*

*Mehr und mehr fand sie mit den Klopf- und Balancetechniken ihr inneres Gleich-
gewicht wieder. Sie gewann wieder den Überblick über ihren Aufgabenbereich, und
ihre Hilflosigkeit wich ihrem alten Selbstbewusstsein. Die selbständige Anwendung der Klopftechnik unterstützte sie dabei. Dadurch war es ihr möglich, sicher
Präferenzen zu setzen und so ihren Ansprüchen an sich selbst entsprechend ihren
jeweiligen Möglichkeiten nachzukommen. Sie reduzierte ihren Aufgabenbereich
so, dass sie ihn befriedigend bewältigen konnte, und verabschiedete sich von mir
hochmotiviert und energiegeladen.*

*Drei Monate später bekam ich noch einmal eine Mail von ihr: Das Klopfen sei
mittlerweile aus ihrem Alltag nicht mehr wegzudenken. Es gehe ihr nach wie vor
sehr gut ...*

Emotionales Selbstmanagement hat somit das Ziel, einfach und schnell
den emotionalen Stress zu reduzieren und Selbstakzeptanz und Selbstachtung zu stärken.

Das Klopfen der Meridiane wirkt ausgleichend auf den Energiehaus-
halt. Auf diese Weise ist jeder in der Lage, selbstwirksam, selbstbestimmt
und damit aktiv positiven Einfluss auf negative Gefühle und Empfindungen zu nehmen. Innere Blockaden können so einfach gelöst werden. Ein
gelassener Umgang mit schwierigen und/oder belastenden Situationen
ist dadurch wieder möglich.

Nehmen wir ein Beispiel aus dem Alltag: Stellen Sie sich vor, Ihnen
steht morgen die Klärung eines Konfliktes mit einem Kollegen bevor.
Dieser hat wiederholt in Ihren Aufgabenbereich eingegriffen und zudem
Ihre Kompetenz in Frage gestellt. Schon der Gedanke an den nächsten
Tag treibt Ihnen die Zornesröte ins Gesicht. Wut und Ärger bestimmen
Ihr Gefühlsleben. Eine angemessene, reflektierte Sicht auf den Konflikt
ist so nicht möglich. Die Folge sind Überreaktionen, die unter Umstän-
den neben einem endgültigen Zerwürfnis mit Kollegen im Nachhinein
Scham- und Schuldgefühle hinterlassen. Schade!

Ein angemessenes Erregungsniveau lässt uns wachsam den Überblick behalten. Wir können konzentriert alle Kräfte mobilisieren und so Konflikte eher konstruktiv lösen.

> Schon in der Steinzeit haben jene Jäger überlebt, die dem Säbelzahntiger überlegt und wachsam begegnet sind. Ihr Hormonhaushalt schüttete genauso viel Stresshormone aus, dass weder die Zähne vor Angst klapperten noch die Gefahr der Leichtsinnigkeit bestand. In beiden Fällen wären sie unweigerlich gefressen worden.
> (Die Jäger, die auf den Stress mit Flucht reagiert haben, sind übrigens verhungert.)

Wie Sie auf den nächsten Seiten lesen werden, haben anhaltende negative Befindlichkeiten wie Wut, Ärger, Verzweiflung, Resignation etc. am Arbeitsplatz weitreichende Folgen für die gesamte Persönlichkeit und die weitere Karriere. Beeinträchtigend sind dabei besonders die negativen Gefühle und Einstellungen, die in der jeweiligen Situation unangemessen sind.

So ist es absolut richtig und wichtig, auf eine Kränkung mit Ärger zu reagieren, sich bei Kritik angemessen zu verteidigen oder bei einer unberechenbaren Gefahr die Flucht zu ergreifen.

Unter unangemessenen, dysfunktionalen Gefühlen, Gedanken und Einstellungen werden Reaktionen verstanden, die in ihrer Intensität weit über das der Situation entsprechende Maß hinausgehen und damit ein angemessenes Verhalten verhindern.

> Stellen Sie sich einen jungen Kollegen vor, der zum ersten Mal selbstbestimmt ein Projekt bearbeiten soll. Der Kollege hat sich bislang als kompetenter, flexibler Mitarbeiter gezeigt, der hilfsbereit und schnell reagieren kann und alle fachlichen Voraussetzungen für diese Aufgabe erfüllt. Sie beobachten, wie er seinen Schreibtisch wiederholt auf- und umräumt, alle Stifte anspitzt, vorbeikommenden Kollegen hilfsbereit Ohr und Tatkraft

schenkt, nur nicht an seine Aufgabe geht. Vielleicht gehen Sie nach einiger Zeit auf ihn zu und fragen ihn, was er da macht, und vielleicht erzählt er Ihnen, dass er sich überfordert fühlt, dass er sich die Arbeit nicht ausgesucht hat, dass er Angst hat, diesmal zu versagen, dass er sich klein und unfähig fühlt ... Seine Reaktion ist unangemessen, nicht seine Kompetenz steht in Frage, sondern sein Vertrauen in seine eigenen Fähigkeiten. Mangelnde Selbstakzeptanz und sabotierende Gedankenmuster blockieren ihn so, dass er nicht zum Handeln fähig ist. Erzählen Sie ihm ruhig von der Klopftechnik und drücken Sie ihm dieses Buch in die Hand.

Klopfen: Emotionales Selbstmanagement

Das emotionale Selbstmanagement mittels Klopfen ist eine Methode zur Selbsthilfe. Es ist einfach aufgebaut und leicht erlernbar. Schon während Sie sich mit den einzelnen Übungen vertraut machen und sie ausprobieren, werden Sie erleben, wie Ihre Anspannung sinkt und Sie wieder durchatmen können. Das Klopfen wirkt direkt auf Ihr Gefühlszentrum, das limbische System, und nimmt unangemessenen negativen Gefühlen ihre Kraft.

Es ist zudem jederzeit und überall unkompliziert einsetzbar. Es bedarf keinerlei Vorbereitung, sodass Sie es in jeder Lebenslage nutzen können.

Mit dem emotionalen Selbstmanagement können Sie sowohl bestehende Themen bearbeiten als auch längst vergangenen Ereignissen, die immer noch auf Ihnen lasten, ihre Schwere nehmen.

Die Umsetzung von Zielen und Plänen wird einfacher, wenn im vorhinein blockierende irrationale Vorbehalte, negative, dysfunktionale Gefühle und Gedanken ‹weggeklopft› werden. Im Umgang mit Lampenfieber und Prüfungsängsten ist die Methode meines Erachtens nicht mehr wegzudenken.

Wie umfassend die Übungen im Einzelnen wirken, hängt zum einen von der Umsetzung der Anleitungen ab, zum anderen von der Komplexität und der Schwere der Probleme, die bearbeitet werden. So kann es auch mal sein, dass die Klopftechniken wenig oder gar nicht wirken. Das kann u. a. daran liegen, dass Ihr Problem so vielschichtig und in sich verwoben ist, dass Sie allein keinen hilfreichen Zugang finden. In diesem Fall bietet es sich an, jemanden zurate zu ziehen, der die Methoden der Energetischen Psychologie in seinem Berufsalltag benutzt. Allerdings sollte dieser Jemand nicht ausschließlich mit Klopftechniken arbeiten, sondern auch über weitere fundierte und anerkannte Ausbildungen im Bereich der Psychotherapie verfügen.

Professionelle Hilfe ist besonders dann hilfreich, wenn sich ein Mensch schon sehr lange in einer schwierigen und belastenden Situation befindet oder eine Belastung mittlerweile so stark ist, dass kein Licht am Ende des Tunnels zu sehen ist.

Untersuchungen zeigen immer wieder, dass jeder Mensch mindestens einmal in seinem Leben in eine Situation gerät, in der die Kriterien einer psychiatrischen Diagnose wie Depression o. Ä. erfüllt sind, also eine derartige «Störung» vorliegt. In den meisten Fällen ist der Betroffene jedoch in der Lage, die Krise durch sein soziales Umfeld, durch kurze professionelle Intervention oder durch Veränderungen im Alltag aus eigener Kraft zu überwinden.

Wenn Sie einen verknacksten Fuß haben, ist es ganz normal, eine Gehhilfe zur Entlastung und Unterstützung heranzuziehen. Wenn die Psyche ins Stolpern gerät, kann auch ihr eine Stütze schneller wieder auf die Beine helfen.

Nach meinen Erfahrungen kann man mit einem gutausgebildeten Coach oder Psychotherapeuten, der lösungsorientiert arbeitet, in wenigen Sitzungen in der Regel wieder Licht ins Grau bringen.

Ein professioneller Helfer wird Ihnen nicht sagen, was Sie konkret tun sollen. Er hilft, aus unterschiedlichen Perspektiven auf Ihre Situation, auf Ihr Erleben zu schauen, und zeigt, wenn nötig, unterschiedliche Lösungswege und -möglichkeiten auf. Sie entscheiden letztendlich, welchen Schritt Sie als Nächstes tun. Sie werden nach wie vor allein gehen müssen, allerdings häufig sicherer und leichter.

Der qualifizierte professionelle Helfer ist in der Regel auch in der Lage, die Grenzen des Coachings bzw. der Kurzzeittherapie bei schwereren klinischen Problematiken zu erkennen, und wird Sie gegebenenfalls in entsprechend fachkundige Hände weiterverweisen.

Unabhängig davon, ob Sie allein oder mit professioneller Unterstützung Ihren Weg gehen, sollten Sie, wenn Sie körperliche Beschwerden haben, eine mögliche physiologische Ursache mit Ihrem Hausarzt abklären. Reizbarkeit, ungewohnte Gefühlsschwankungen, Wutausbrüche, anhaltende Erschöpfung, Müdigkeit und mangelnde Konzentration können u. a. auch durch Flüssigkeitsmangel, Eisenmangel, Schilddrüsendysfunktionen und Schlafstörungen, wie Schlafapnoen, verursacht werden. Dies sollte in jedem Fall ausgeschlossen werden.

Die Klopftechnik der Energetischen Psychologie stellt in der Breite der leichteren klinischen Fälle eine der wirksamsten Techniken zur Behandlung von Ängsten, traumatischen Erinnerungen und dysfunktionalen Gedanken dar. Mit den Übungen ist ein emotionales Selbstmanagement möglich, indem Verhalten, Gefühle und Gedanken miteinander verbunden werden. Sie versetzen Menschen in die Lage, aktiv und selbstbestimmt die Belastungen unangenehmer Erfahrungen wahrzunehmen, zu verändern und neu zu integrieren.

Allein schon das Wissen, unangenehmen Situationen nicht hilflos ausgeliefert zu sein, sondern ein Werkzeug an der Hand zu haben, das wirksam Erregung, Angst, Unwohlsein verringert, hilft im Umgang mit schwierigen Situationen.

Um handlungsfähig zu bleiben bzw. zu werden, gehen Sie ganz pragmatisch von der konstruktiven Seite an die Arbeit heran. Bei allem, was Menschen tun, ist es wichtig, dass sie das Gefühl haben, sich selbst dafür entschieden zu haben. Kontrolle, Sinnhaftigkeit und Selbstbestimmtheit sind motivationsfördernd und -erhaltend.

Wie erwähnt habe ich mich bislang mit vielen Methoden und Techniken auseinandergesetzt, die hilfreiche und gute Strategien vermitteln, um Handlungsfähigkeit und Motivation zu steigern.

Ich habe jedoch die Erfahrung gemacht, dass emotionale Verflechtungen, wie Kränkungen, Ängste, Schuld- und Schamgefühle, sowie erziehungs- und erfahrungsbedingte Glaubenssätze tief im Erleben verankert sein können. An dieser Stelle erreichen Verhaltenspläne und -programme ihre Grenzen. «Der Geist ist willig, allein das Fleisch ist schwach» heißt es bei Matthäus (26, 41). Sinngemäß äußern sich Klienten und Seminarteilnehmer, wenn sie vom Scheitern bei der Umsetzung von guten Vorsätzen und Vorhaben berichten.

Klopfen gegen Arbeitsfrust:
Emotionales Selbstmanagement in belastenden Arbeitssituationen

Der Weg zur Steigerung Ihrer Motivation und Handlungsfähigkeit führt Sie nun zum emotionalen Selbstmanagement mit Hilfe des Klopfens, dessen einzelne Schritte im Folgenden ausführlich erklärt werden. Lesen Sie am besten zunächst alles einmal durch und probieren Sie es einfach aus.

Wenn Sie mehr zu den Grundlagen des Klopfens und der Energetischen Psychologie wissen möchten, empfehle ich das Buch von Dr. Michael Bohne.[15]

Die bifokale Brille

Im prozessorientierten Vorgehen liegt bei einem belastenden Thema oder einer belastenden Situation das Augenmerk zum einen auf damit verbundenen unangemessen negativen **Gefühlen** und den damit einhergehenden Körperwahrnehmungen, zum anderen auf einschränkenden, Veränderung sabotierenden **Gedanken**. Beide hängen eng zusammen und bedingen sich gegenseitig. Zur Verdeutlichung der beiden Seiten sehen Sie auf S. 29 das Modell einer bifokalen Brille, durch die das belastende Geschehen betrachtet wird.

Die rechte Seite der bifokalen Brille

Wenden wir uns zunächst der rechten Seite zu. Auf dieser Seite stehen die **negativen dysfunktionalen Emotionen**. Damit sind Gefühle, Empfindungen und Gemütsverfassungen gemeint, die unangenehm und belastend und der Situation unangemessen heftig ausgeprägt sind. Im Gegensatz dazu stehen angemessene und dementsprechend funktionale

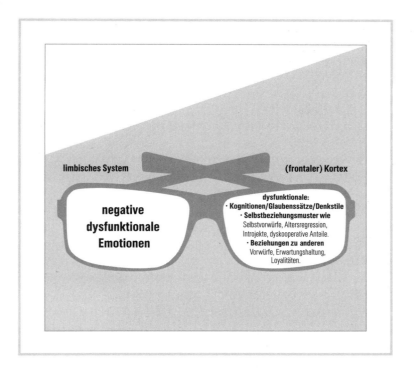

Emotionen. Wenn Sie sich in einer gefährlichen Situation befinden, ist es absolut angemessen, Angst zu haben. Diese werden Sie auch nicht ‹wegklopfen› können. Dysfunktionale Gefühle sind z. B. Prüfungsangst, obwohl Sie ausreichend vorbereitet sind, oder die Angst vor Spinnen und weißen Mäusen. Entscheidend ist, dass diese Befindlichkeiten Sie davon abhalten, Sie selbst zu sein. Sie engen Sie ein, blockieren Sie in Ihrem Wachstum und quälen Sie.

Bezogen auf die Arbeit, sind folgende Emotionen immer wieder anzutreffen:

- Angst, sich zu blamieren,
- Wut, nicht beachtet zu werden,

- Trauer um verlorene Chancen, alte Arbeitsbedingungen etc.,
- Angst, Scham, Wut bezogen auf Vorgesetzte, Kollegen, Kunden, Klienten etc.,
- Angst, von allen beobachtet zu werden,
- u. v. m.

Diese Gefühle, die von Ihrem limbischen System gesteuert werden und die Gedanken oder Gedankenmuster in Ihrem Großhirn auslösen, spüren Sie meistens auch in Ihrem Körper (vgl. Körpersignale, S. 53).

Die Anwendung der Klopfübungen ist umso effektiver, je besser Sie die zu verändernde Situation und die damit verbundenen Gefühle und Körperwahrnehmungen aktivieren können. Während des Klopfens wird das belastende Geschehen in Gedanken aktiviert. Dies gelingt sowohl durch das Denken an die jeweilige Situation als auch durch die konkrete Vorstellung der nachhängenden bzw. belastenden Ereignisse. Von daher beginnt jeder Durchgang des emotionalen Selbstmanagements mit der Auswahl einer Situation, einer Erinnerung oder eines Erlebnisses und der damit verbundenen Empfindungen.

Die Fokussierung auf die negative Erfahrung und das gleichzeitige aktive Klopfen, Augendrehen, Summen etc. überfordern das limbische System, unser Gefühlszentrum. Das konkrete Klopfen macht es unmöglich, zeitgleich negative Befindlichkeiten aufrechtzuerhalten. Der Stress sinkt.

Bevor wir die linke Brillenseite ausführlich betrachten möchte ich Sie zunächst mit den einzelnen Übungen des Selbstmanagements vertraut machen.

Die 8 Schritte des emotionalen Selbstmanagements

Kurzübersicht des Ablaufs:

1. Einstimmen auf das Problem
2. Einschätzen auf der Stressskala von 0 bis 10
3. Balanceübung
4. Selbstakzeptanzübung
5. Akupunkturpunkte klopfen
6. Zwischenentspannung
7. Akupunkturpunkte klopfen
8. Abschlussentspannung

1. Einstimmen auf Ihr Problem – Auswahl eines Themas, einer Belastung, einer stressigen Situation

Wählen Sie eine Situation, ein Geschehen, ein Ereignis aus, das Sie über die Maßen emotional belastet. Gehen Sie nun in Ihre Erinnerung und holen Sie diese Situation so gut wie möglich zurück vor Ihr inneres Auge. Es kann auch eine Situation, ein Ereignis sein, das noch auf Sie zukommt, z. B. das Gespräch mit dem Vorgesetzten, eine Prüfung o. Ä., die schon im Vorhinein bei Ihnen negative Gefühle auslöst.

Angst, Ärger oder Enttäuschung sind u. U. sofort so groß, dass Sie sie bereits körperlich spüren können. Gut so!

Hineinspüren in den Körper

Für das Klopfen ist die Körperwahrnehmung hilfreich und unterstützend. So möchte ich kurz darauf eingehen, wo und wie sich emotionale Empfindungen im Körper abbilden.

Angst z. B. spüren Sie in Ihrem Körper auf unterschiedliche Art und Weise. Körperliche innere und äußere Unruhe, Zittern, nasse Hände, Schwitzen treten genauso auf wie Herzklopfen bis hin zum Herzrasen.

Angst zeigt sich aber auch als Enge in der Brust, Magendruck, Übelkeit oder Verdauungsschwierigkeiten.

Scham und Demütigungen lassen z. B. Menschen schrumpfen. Die Schultern ziehen sich nach oben, die Schreckhaftigkeit nimmt zu. Blässe, aber auch Röte verändern das Gesicht. Eine anhaltende Anspannung erschöpft den Körper.

Wut und Ärger spüren Menschen ebenfalls in vielen Bereichen Ihres Körpers. Die Wut steigt in den Kopf, der dann hochrot durchs Leben getragen wird. Sie wütet aber auch im Bauch, in der Brust, in zittrigen Armen und Beinen. Ärger hat die Angewohnheit, kontinuierlich den Körper ins Ungleichgewicht zu bringen, wie das Summen eines Bienenkorbes kann Ärger den Körper förmlich ‹rotieren› lassen.

Gefühle spiegeln sich in ganz unterschiedlichen Bereichen des Körpers wider. In welchen Bereichen, wie intensiv jemand welche Gefühle wahrnimmt, ist ebenso sehr unterschiedlich. Es lohnt sich, sich selbst dahin gehend näher kennenzulernen. Je besser Sie Ihren Körper und seine Reaktionen einschätzen können, desto besser können Sie mit ihm in Ihrem Sinne umgehen. Das hat den Vorteil, dass Sie von eigenen unangenehmen Körperreaktionen nicht mehr so leicht überrumpelt werden können. Sie werden vielleicht auch nicht mehr ewig damit beschäftigt sein, herauszufinden, warum Ihnen in einer bestimmten Arbeitssituation immer übel ist, unabhängig davon, was Sie vorher gegessen haben. Gefühle und körperliches Wahrnehmen gut einordnen zu können ist eine wichtige Fähigkeit auf dem Weg zu psychischer Ausgeglichenheit und Gesundheit.

Übung:

Ziehen Sie sich an einen sicheren Ort zurück und nehmen Sie sich Zeit. Wenden Sie sich mit Ihrer ganzen Aufmerksamkeit Ihrer Arbeitssituation zu. Welches Thema, welche Situation ist so belastend, dass Sie sie gern verändern wollen?
*Begeben Sie sich in Ihrer Vorstellung, in Ihren Gedanken, in die belastende Situation, in Ihr Thema, das Sie gern verändern möchten. Nehmen Sie wahr, was Sie bei dieser Vorstellung fühlen, und spüren Sie gleichzeitig in Ihren Körper hinein. Wo, in welchen Bereichen Ihres Körpers, spüren **Sie** die unangenehmen Gefühle, im Kopf, im Hals, im Brustkorb, im Bauch, im Unterleib, in den Beinen? Wandern Sie mit Ihrer Aufmerksamkeit durch Ihren gesamten Körper, während Sie in Ihrem Thema bleiben.*

2. Einschätzen der Belastung – Stressskala

Sie haben nun herausgefunden, wo sich Ihre Belastung körperlich abbildet, bzw. haben sich auf die Empfindungen eingestellt, die mit Ihrem Thema zusammenhängen.

Im nächsten Schritt schätzen Sie bitte die Intensität, das Ausmaß, die Schwere dieser Empfindungen ein.

Dafür können Sie sich einfach die Skala eines Thermometers vorstellen, dessen Einteilung von 0 bis 10 geht. Null bedeutet, die Belastung ist nicht mehr spürbar, bei 10 ist die Belastung maximal. Damit haben Sie gleichzeitig ein gutes Messinstrument für Ihren persönlichen Stresspegel. Die Nutzung einer derartigen Einschätzskala ist sehr hilfreich, da Sie dadurch sowohl individuelle Veränderungen während des Klopfens einstufen können als auch, ganz allgemein, Belastungen abbildbar machen.

Neben einem Maßstab für Ihre Belastungsveränderungen während der Klopfübungen haben Sie damit auch ein einfaches Instrument, um mit sich selbst sensibler und differenzierter umzugehen. Es ist außerordentlich hilfreich, in belastenden Situationen, die für Sie als solche zunächst nicht sofort erkennbar sind, über die somatischen Marker und deren Intensität aufmerksamer für sich zu werden und so fürsorglicher mit sich umgehen zu können. Stressbewältigungsstrategien wie Augenkreisen (S. 46), Balanceübung (s. unten) oder Klopfen (S. 42), können Sie so viel schneller und effektiver einsetzen als ohne dieses Hilfsinstrument.

3. Die Balanceübung

Diese Übung besteht aus zwei Teilen, der Überkreuzübung und der Fingerberührübung. Der gesamte Organismus wird hiermit auf Veränderung vorbereitet. Gleichzeitig ist diese kleine Übung phantastisch für eine kurze Zwischenentspannung und zum Neustart des Gehirns in oder nach verwirrenden und anstrengenden Situationen. Wenn sie z. B. das Gefühl haben, es geht gerade alles komplett durcheinander, drücken Sie im weitesten Sinne mit der Balanceübung die Reset-Taste in Ihrem Gehirn.

Die Übung beginnt mit dem sog. Überkreuzsitz (s. Abbildung). Durch die komplexen Kreuzungen Ihrer Gliedmaßen kann Ihr Hirn nicht mehr folgen und ist gezwungen, beide Hirnhälften besser miteinander zu vernetzen. Die anschließende Fingerberührübung führt symbolisch beide Hirnhälften wieder zusammen und bringt Sie in Ihre Arbeitsposition zurück (weitere Erklärung siehe unten).

Überkreuzübung

Setzen Sie sich bequem auf einen Stuhl, einen Sessel oder wo sonst Sie für kurze Zeit gut sitzen können. Nun begeben Sie sich in den Überkreuzsitz. Dabei achten Sie bitte darauf, dass sich die gekreuzten Arme und Beine angenehm anfühlen. Es ist für den Erfolg der Übung unerheblich, ob Sie die Beine rechts über links oder links über rechts legen. Auch bei den Armen sollten Sie danach entscheiden, was Ihnen am angenehmsten ist. Wichtig ist, dass Arme und Beine gegengleich gekreuzt sind.

Nun schließen Sie bitte die Augen und konzentrieren sich auf Ihren Atem. Beim Einatmen sollte die Zunge ganz leicht den oberen Gaumen berühren, beim Ausatmen sollte sie sich wieder lösen. Währenddessen stellen Sie sich bitte vor Ihrem inneren Auge eine Balkenwaage vor, die

Überkreuzsitz

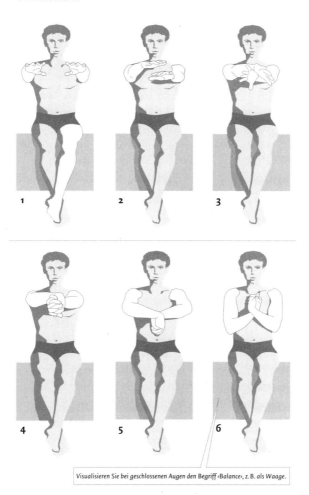

Visualisieren Sie bei geschlossenen Augen den Begriff ‹Balance›, z. B. als Waage.

ganz ausgeglichen und im Gleichgewicht ist. Vielleicht mögen Sie sich auch eine Wasserwelle vorstellen, die ganz gleichmäßig dahinwogt. Sie können sich mit Ihrer inneren Stimme auch das Wort ‹Balance› vergegenwärtigen. Damit machen Sie Ihrem Gehirn eine Vorgabe, wo es hingehen soll, und unterstützen die Entspannung. In dieser Position bleiben Sie zwischen 30 Sekunden und 2 Minuten.

Die Überkreuzübung ist eine optimale Vorbereitung des Gehirns auf die emotionale Veränderung. Sie führt zu einer besseren Kooperation der beiden Hirnhälften, die normalerweise relativ strikt getrennt für die Steuerung der jeweiligen Körperhälften zuständig sind. Durch die beschriebene *verdrehte* Positionierung der Arme und Hände wird unser Gehirn dazu gezwungen, sich klarzumachen, wo genau sich die Hände und die einzelnen Finger gerade befinden. Dies führt dazu, dass beide Hirnhälften gefordert sind, miteinander zu kommunizieren. Hieraus resultiert eine **Durchbrechung der wechselseitigen Abschottung der Hemisphären**. Durch diese Durchbrechung der gegenseitigen Abschottung der Hemisphären kann das Gehirn rationale und emotionale Erinnerungsaspekte, die zuvor isoliert waren, wieder besser miteinander verknüpfen. Eine Umstrukturierung der Erinnerung kann so besser erfolgen. Dies, so wird vermutet, führt mit zu einer Auflösung negativer Assoziationsmuster.[16]

Fingerberührübung

Nachdem Sie alle vorhergehenden Kreuzungen gelöst haben, setzen Sie sich aufrecht hin, legen beide Oberarme an Ihren Oberkörper seitlich an und bilden mit den Fingern vor Ihrer Brust einen Ball. Die Zunge berührt auch jetzt beim Einatmen leicht den Gaumen und löst sich beim Ausatmen wieder. Die Augen sind je nach Belieben geöffnet oder geschlossen. Nach 30 Sekunden bis 2 Minuten beenden Sie die Übung mit einem tiefen Ausatmen.

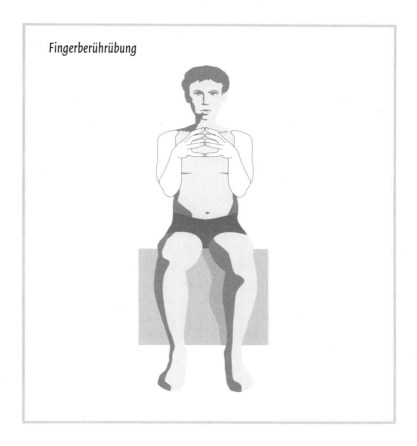

Fingerberührübung

4. Selbstakzeptanzübung

Jetzt sind Sie eingestimmt auf Ihre Belastung, die Sie gern verändern möchten, und haben die linke und die rechte Hemisphäre Ihres Gehirns für Veränderung vorbereitet. Nun wird es spannend!

Der erste Schritt auf dem Weg zur Selbstmotivation ist der Schritt zur Selbstakzeptanz. Im emotionalen Selbstmanagement hat diese Übung einen sehr wichtigen Platz. Selbstakzeptanz bedeutet: Sie lieben, akzeptieren und schätzen sich so, wie Sie sind. Ihre Fähigkeiten, Talente,

Erfahrungen, Neigungen, Interessen und Besonderheiten machen Sie zu einem besonderen Menschen, der Achtung und Wertschätzung verdient. In dieser einfachen und doch ungemein wirkungsvollen Übung steckt eine ungeheure Kraft.

Vielleicht ist es hilfreich, sich einige Gedanken über folgende Fragen zu machen:

Die Welt ist voller Überraschungen und Herausforderungen, die immer wieder auch Hindernisse und Schwierigkeiten mit sich bringen. Wie kann ein Mensch selbstbewusst und sicher in und durch die Welt gehen, wenn er sich selbst bei jedem Schritt in Frage stellt? Bringen Sie jemandem Vertrauen entgegen, der sich selbst nicht achtet und ständig hinterfragt? Vermutlich nur dann, wenn Sie diesen Menschen besonders gut kennen und dieses Verhalten einschätzen können.

Entziehen Sie nahestehenden Menschen Ihre Akzeptanz und Zuneigung, wenn diese ähnliche Probleme und Schwierigkeiten haben wie Sie? Oder begegnen Sie diesen, im Gegensatz zu sich selbst, mit Nachsicht, Verständnis und Güte? Übrigens ist Verständnis und Toleranz eine wunderbare Persönlichkeitseigenschaft, die Ihnen vielleicht bislang noch gar nicht an Ihnen aufgefallen ist oder die Sie, paradoxerweise, leider bislang nicht auf sich selbst anwenden.

Mit einem Außenstehenden, den Sie nicht schätzen, werden Sie sich kaum länger als nötig abgeben. Ist dies ein Kollege oder Vorgesetzter, werden Sie diesem vermutlich nur schwer mit Respekt und Achtung begegnen können und ihn eher meiden.

Ein Mensch, der sich selbst abwertend gegenübersteht, gibt sich kaum eine wirkliche Chance, sein Leben zu verändern. Nicht selten spielen religiöse Erziehungsmuster eine Rolle, die es intuitiv zunächst unmöglich erscheinen lassen, sich selbst so zu akzeptieren, wie man ist. Selbstakzeptanz hat nichts mit Selbsterhöhung, Egoismus, Narzissmus oder Vermessenheit zu tun. Es bedeutet vielmehr, dass Sie sich selbst nachsichtig und fürsorglich behandeln. Jemand, der unangenehmen Belastungen ausgesetzt ist, der sich schämt, zweifelt, ärgert, ohnmächtig und hilflos ist, benötigt unbedingt Fürsorge und Nachsicht, um Schwierigkeiten nicht aus dem Weg zu gehen, sondern sie zu bewältigen.

Selbstzweifel und Selbstvorwürfe stellen die eigene Person in Frage und führen dazu, dass man sich auf der Stelle dreht, der Blick nach vorn ist verwehrt. Sich zu erlauben, sich trotz aller Fehler und Ungeschicklichkeiten selbst zu akzeptieren und zu lieben, macht es möglich, sich von einer harten blockierenden Position sich selbst gegenüber zu lösen und sich langsam für Neues zu öffnen.

Gehen Sie neugierig auf diese Übung zu und probieren Sie sie aus.

Die allgemeine **Grundübung** ist einfach und wirkungsvoll zugleich:

Während der Selbstakzeptanzpunkt kreisförmig gerieben wird (S. 40), wird folgender Satz dreimal laut gesprochen:
«Mit all meinen Schwächen und Schwierigkeiten liebe und akzeptiere ich mich so, wie ich bin.»

Der Selbstakzeptanzpunkt ist kein Akupunkturpunkt, sondern ein körperlicher Reflexpunkt. Er liegt auf der linken Seite des Oberkörpers zwischen Schlüsselbein und Brust und ist etwas empfindlich, wenn Sie ihn reiben.

Der Satz, der dazu gesprochen wird, ist eine sog. Affirmation, eine Selbstaussage, deren Sinn es ist, sich positiv selbst zu verstärken.

In dieser allgemeinen Selbstakzeptanzübung am Anfang des emotionalen Selbstmanagements umfasst der erste Teil der Affirmation die Einbeziehung aller Unzulänglichkeiten, Schwächen, Fehler und Schwierigkeiten. Im Weiteren geht es um die uneingeschränkte Selbstannahme der eigenen Person.

Im weiteren Prozess werden die Selbstaussagen des emotionalen Selbstmanagements themenbezogen abgewandelt.

Selbstakzeptanzpunkt

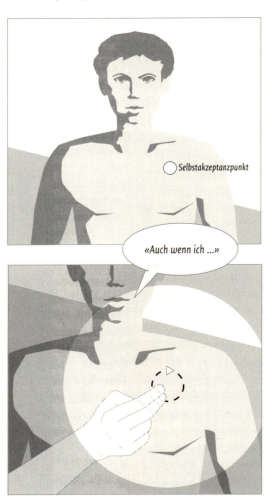

> Hirnforscher haben herausgefunden, dass Hirnareale, wie etwa die Amygdalae, also die Mandelkerne, die mit negativen Empfindungen, wie z. B. Trauer, Angst und Wut in Zusammenhang stehen, offensichtlich durch Liebesgefühle zum Schweigen gebracht werden. Dies könnte auch erklären, warum die Aussagen zur Selbstannahme und Selbstliebe während einer Klopfsequenz häufig direkt positive und stressreduzierende Auswirkungen haben.[17]

So wird bei der Bearbeitung eines bestimmten Problems der erste Teil des Selbstakzeptanzsatzes dem Thema angepasst. Er beginnt mit «Auch wenn ich …». Es bringt all das ‹zur Sprache›, was einschränkend, entwertend und blockierend mit diesem Thema verbunden ist. Der zweite Teil des Satzes spricht sowohl den Verstand (akzeptiere) als auch das Gefühl (liebe) an. Damit wirkt die Selbstannahme quasi auf zwei Ebenen und stärkt den Organismus. Der Stress sinkt.

Auch wenn sie neugierig und interessiert auf die Selbstakzeptanzübung zugegangen sind, ist für viele Menschen das Aussprechen des Satzes «Mit all meinen Schwächen und Schwierigkeiten liebe und akzeptiere ich mich so, wie ich bin» außerordentlich schwierig, manchmal geradezu unmöglich. Hilfreich sind dann folgende Abwandlungen:

«Auch wenn ich mich momentan noch nicht akzeptieren kann, liebe und akzeptiere ich mich so, wie ich bin.»
«Auch wenn ich mir nicht mit Nachsicht und Güte begegnen kann, liebe und akzeptiere ich mich so, wie ich bin.»
«Auch wenn ich meine Probleme niemals überwinden werde, liebe und akzeptiere ich mich so, wie ich bin.»

Probieren Sie diese oder Ihre individuell abgewandelten Formulierungen einfach aus. Sind Sie momentan noch nicht so recht von ihrem Nutzen überzeugt, ziehen Sie unterstützend folgende Affirmation hinzu:

«Auch wenn ich momentan noch nicht so recht vom Nutzen der Selbstakzeptanzübung überzeugt bin, liebe und akzeptiere ich mich so, wie ich bin.»

Man kann beobachten, dass Menschen, die die Selbstakzeptanzübung häufig anwenden, sich selbst positiver gegenüberstehen und sich durch negative Erlebnisse wesentlich weniger aus dem Gleichgewicht bringen lassen. Im Gegensatz zu früher stellen diese Menschen in oder nach einer unangenehmen Situation nicht ihre gesamte Persönlichkeit in Frage, sondern können die jeweiligen Belastungen in dem Bereich belassen, wo sie ihren Platz haben. Der Ärger mit der Kollegin bleibt am Arbeitsplatz, der Streit in der Familie schwappt auf diese Weise nicht in andere Lebensbereiche. Diese Übung hat ihren festen Platz im emotionalen Selbstmanagement. Es ist allerdings sehr hilfreich, den Selbstakzeptanzpunkt auch während des Alltags hin und wieder zu reiben und an Selbstakzeptanz und Liebe zu denken.

5. Akupunkturpunkte klopfen

Mit dem Klopfen der Akupunkturpunkte werden im emotionalen Selbstmanagement die negativen dysfunktionalen Gefühle reduziert (s. rechtes Brillenglas).

Bitte denken Sie nun an Ihre schwierige Arbeitssituation und Ihre damit verbundenen unangenehmen Empfindungen. Sie können sie sich intensiv vorstellen, Sie können sie auch immer wieder aussprechen (z. B. dieser unverschämte Kollege, diese blöden Kunden, meine Angst vor dem Chef ...), während Sie gleichzeitig die Akupunkturpunkte klopfen (s. Abb. rechts).

Es werden nacheinander alle 16 Punkte geklopft. Auf diese Weise werden nach dem Gießkannenprinzip alle Meridiane stimuliert.

Geklopft wird mit den Fingerkuppen des Zeige- und des Mittelfingers der rechten oder der linken Hand. Für welche Sie sich entscheiden, ist unerheblich.

Klopfpunkte

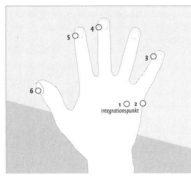

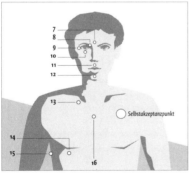

Hier liegen die Klopfpunkte (die Seite ist egal):

1. Auf dem Handrücken zwischen dem Kleinfinger und dem Ringfinger.
2. An der Handkante, und zwar dort, wo sich eine Falte bildet, wenn man eine Faust schließt. In Höhe des Kleinfingerknöchels.
3. Am Nagelfalz des Kleinfingers.
4. Am Nagelfalz des Mittelfingers.
5. Am Nagelfalz des Zeigefingers.
6. Am Nagelfalz des Daumens.
7. Zwischen den Augenbrauen (sog. Drittes Auge).
8. Auf der Augenbraue am Innenwinkel.
9. Am Auge seitlich.
10. Unter dem Auge, auf dem Jochbogen.
11. Unter der Nase.
12. Zwischen der Unterlippe und dem Kinn.
13. Ca. zwei Querfinger unterhalb des Schlüsselbeins, im Zwischenrippenbereich.
14. Zwischen der Brust und dem Rippenbogen.
15. Unter dem Arm, ca. eine Handbreit unter der Achsel (kann man auch mit der flachen Hand beklopfen).
16. Im oberen Drittel des Brustbeins.

Nach jedem Klopfdurchgang wird die emotionale Belastung auf der Stressskala neu eingeschätzt. Ist die Belastung bereits verschwunden bzw. kleiner als ‹3›, können Sie nun direkt zur Abschlussentspannung wechseln und damit den gesamten Durchlauf beenden (S. 47).

Liegt Ihre Anspannung auf Ihrer subjektiven Stressskala höher als ‹3›, schließt sich nun die Zwischenentspannungsübung und danach ein erneuter Klopfdurchgang an.

Die Akupunktur- und Meridianpunkte

Die ‹Klopfpunkte› sind Akupunkturpunkte. Die Akupunktur ist eine Therapieform der Traditionell Chinesischen Medizin (TCM). Hier werden die Meridiane und Sammelgefäße des menschlichen Energiesystems mit Nadeln stimuliert. Das Meridiansystem ist komplex und vielschichtig. Einen tiefergehenden und interessanten Einblick bietet z. B. der dtv-Atlas Akupunktur von Carl-Hermann Hempen.

Im emotionalen Selbstmanagement werden mit dem Klopfen der 16 Punkte ganz pragmatisch alle Meridiane und Sammelgefäße behandelt. Jeder Punkt sollte zwischen 5- und 15-mal geklopft werden, dann geht man zum nächsten Punkt weiter.

Auf welcher Seite Ihres Körpers Sie klopfen, ist Ihnen überlassen. Manche klopfen auch gern beide Seiten gleichzeitig. Viel wichtiger ist es, sich während eines Klopfdurchganges zu beobachten. An welchen Stellen fühlen Sie eine besondere Erleichterung, atmen Sie intuitiv aus, gähnen oder spüren Sie eine angenehme Veränderung? An diesen Punkten sollten Sie etwas länger klopfen. Empfehlenswert ist es, so lange bei diesem Punkt zu bleiben, bis Sie das Gefühl haben, es ist gut so.

Die Reihenfolge der Klopfpunkte ist nicht festgelegt. Es gibt Vertreter der Energetischen Psychologie, die nur ganz bestimmte Abfolgen benutzen. Es hat sich jedoch gezeigt, dass dies für den Erfolg unerheblich ist.

Beim Klopfen sollten Sie sich unbedingt von Ihrer Intuition leiten lassen. Ob Sie alle Punkte oder in manchen Situationen nur eine angenehme

Auswahl klopfen, können Sie anhand Ihres Wohlbefindens, das daraus erwächst, selbst entscheiden.

6. Zwischenentspannung

Diese Übung hat eine ausgleichende Wirkung. Das Gehirn kann für einen kurzen Moment verschnaufen. Zeitgleich werden durch Augenrollen und Summen/Zählen/Summen beide Gehirnhälften aktiviert, was zur Integration von innerer Gefühls- und Gedankenwelt sehr hilfreich ist. Das Stimulieren des sog. Integrationspunktes unterstützt die Wirkung des Klopfens.

Der Integrationspunkt liegt auf dem Handrücken zwischen dem Kleinen Finger und dem Ringfinger. Er wird während dieser Übung durchgängig geklopft. Es ist angenehm, dafür zwei bzw. drei Finger der anderen Hand zu nehmen.

Während Sie fortwährend auf den Handrücken klopfen, machen Sie bitte Folgendes:

1. Augen schließen.
2. Augen öffnen.
3. Nach unten rechts schauen.
4. Nach unten links schauen.
5. Augen gegen den Uhrzeigersinn im Kreis bewegen (360°).
6. Augen im Uhrzeigersinn im Kreis bewegen (360°).
7. Einen Ton oder eine Melodie summen.
8. Bis fünf zählen oder eine Aufgabe rechnen.
9. Noch einmal summen.

Nach der Zwischenentspannung denken Sie wieder an Ihr Problem und schätzen die damit zusammenhängende emotionale Belastung auf Ihrer subjektiven Stressskala zwischen null und zehn erneut ein. Wenn die Belastung größer als ‹3› ist, empfiehlt es sich, erneut alle 16 Punkte zu klopfen und gleichzeitig an das konkrete Problem zu denken oder es laut zu benennen.

Zwischenentspannung

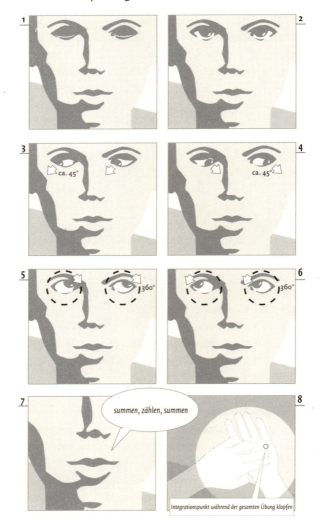

7. Akupunkturpunkte klopfen

Solange die unangenehmen Gefühle und Empfindungen in ihrer Belastung auf Ihrer Skala den subjektiven Wert ‹3› überschreiten, sollten Sie das 16-Punkte-Klopfen und die Zwischenentspannung abwechselnd durchführen, bis der Wert unter ‹3› gesunken ist:
• Zwischenentspannung.
• 16-Punkte-Klopfen.
• Zwischenentspannung.
• 16-Punkte-Klopfen.

Ist die Belastung gleich oder kleiner als ‹3›, können Sie die Übung mit der Abschlussentspannung abschließen.

Manchmal tauchen neue Aspekte auf, neue Ideen und Gedanken. Klopfen Sie einfach weiter und denken Sie an die neuen Aspekte. Wenn sich nichts verändert, liegt meistens mindestens einer der Big-Five-Erfolgssaboteure vor (S. 77).

8. Abschlussentspannung

Ihr Stress ist jetzt gleich bzw. kleiner als ‹3›. Klopfen Sie nun wieder durchgängig auf den Integrationspunkt und machen Sie Folgendes:

• Augen schließen.
• Augen öffnen.
• Auf den Boden schauen, dann die Augen ca. 5 Sekunden nach oben bewegen, bis sie zur Decke schauen.
• Augenbrauen fixieren und weitere 5 bis 10 Sekunden in dieser Position verbleiben.
• Augen schließen, während sie weiterhin auf den Integrationspunkt klopfen und tief einatmen.
• Genüsslich und geräuschvoll wieder ausatmen.

Abschlussentspannung

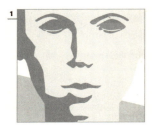

Augen schließen, tief Luft holen, genussvoll ausatmen

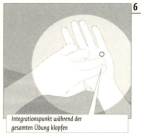

Integrationspunkt während der gesamten Übung klopfen

Die linke Seite der bifokalen Brille

Mit der Einstimmung, der Fokussierung, auf Ihr belastendes Thema und die damit verbundenen negativen, unangenehmen Empfindungen haben Sie bislang durch das rechte Glas der bifokalen Brille geschaut. Diese ‹Seite› wird, wie Sie eben gelesen haben, mit dem Klopfen der 16 Akupunkturpunkte, dem Augendrehen usw. bearbeitet.

Das linke Brillenglas richtet seinen Fokus auf die sog. dysfunktionalen Beziehungsmuster und die aus diesen entstehenden Gedanken (Kognitionen), Glaubenssätze und Denkstile.

Diese Seite wird Sie vermutlich in Ihrer Auseinandersetzung mit Ihrer Arbeitssituation und Ihren Motivationsschwierigkeiten am intensivsten beschäftigen. In den einzelnen Abschnitten dieses Buches werden Sie immer wieder gerade auf den Inhalt des linken Brillenglases hingewiesen, und nach meiner Erfahrung sind dysfunktionale Beziehungsmuster, Gedanken, Gedankenstile und Glaubenssätze die größten Saboteure und Blockierer, die Sie sich vorstellen können.

Um diese Brillenseite erfolgreich zu bearbeiten, wird die Selbstakzeptanzübung herangezogen. Während des Reibens des Selbstakzeptanzpunktes werden nun themenbezogene Affirmationen ausgesprochen. Diese Affirmationen bestehen im ersten Teil wie bereits erwähnt aus den negativen blockierenden Glaubenssätzen und Selbstüberzeugungen: «*Auch wenn ich ...*», im zweiten Teil aus den Worten: «*... liebe und akzeptiere ich mich so, wie ich bin.*»

In der nachstehenden Tabelle finden Sie Beispiele für Gedankensaboteure und deren Behandlung, ergänzen Sie Ihre eigenen Eingebungen und formulieren Sie anschließend den dazugehörenden Selbstakzeptanzsatz:

Sabotierende Gedanken und Selbstüberzeugungen	Affirmationen
Wie immer werden die anderen genommen.	Auch wenn ich glaube, dass wie immer die anderen genommen werden, liebe und akzeptiere ich mich so, wie ich bin.
Ich erfülle niemals die Voraussetzungen.	Auch wenn ich der Überzeugung bin, niemals die Voraussetzungen zu erfüllen, liebe und akzeptiere ich mich so, wie ich bin.
Ich darf es nicht schaffen.	Auch wenn ich glaube, es niemals schaffen zu dürfen, liebe und akzeptiere ich mich so, wie ich bin.
Hochmut kommt vor dem Fall.	Auch wenn ich der Überzeugung bin, dass Hochmut vor dem Fall kommt, liebe und akzeptiere ich mich so, wie ich bin.
Einmal Versager, immer Versager.	Auch wenn ich davon überzeugt bin, ein Versager zu sein, liebe und akzeptiere ich mich so, wie ich bin.
Was Hänschen nicht lernt, lernt Hans nimmermehr.	Auch wenn ich nicht an meine Lernfähigkeit glaube, liebe und akzeptiere ich mich so, wie ich bin.
Diesmal geht es schief.	Auch wenn ich überzeugt bin, dass diesmal alles schiefgeht, liebe und akzeptiere ich mich so, wie ich bin.
Ich schaffe das nicht.	Auch wenn ich glaube, es nicht zu schaffen, liebe und akzeptiere ich mich so, wie ich bin.
Alle finden mich hässlich.	Auch wenn ich glaube, dass mich alle hässlich finden, liebe und akzeptiere ich mich so, wie ich bin.
Jeder sieht, dass ich es nicht kann.	Auch wenn ich der Überzeugung bin, dass jeder sieht, dass ich es nicht kann, liebe und akzeptiere ich mich so, wie ich bin.

Sich selbst blockierende Menschen haben immer wieder spannende Argumentationsstile. Beobachten Sie sich einmal selbst oder Ihre Umgebung und hören Sie auf Widersprüche in den Aussagen der andern.

Eine liebgewordene Redewendung ist häufig das ‹Aber›, das allen möglichen Veränderungen entgegensteht. Nicht selten stehen dahinter Zweifel oder fehlender Mut zu Veränderungen. Aber: Was hilft der Spatz in der Hand, wenn Sie mit ihm vor sich hin kränkeln und fortwährend der Taube auf dem Dach nachtrauern?

Sicherlich ist es unangemessen, Veränderungen übers Knie zu brechen; jedes Ding braucht seine Zeit. Außerdem haben Einwände und Zweifel durchaus ihre Berechtigung.

Wenn allerdings alle Ampeln auf Grün stehen und jemand es trotzdem nicht schafft, über die Kreuzung zu gehen, können Sie davon ausgehen, dass ihn irgendetwas hindert, das mit den konkreten Bedingungen wenig zu tun hat. Nicht selten spielen in diesen Momenten Ängste, Selbstzweifel, Loyalitäten u. Ä. eine Rolle.

Konkret bedeutet das: Veränderungen stehen an, alle Unwägbarkeiten scheinen aus dem Weg geräumt, und trotzdem steht ein riesengroßes ‹JA – ABER› im Raum. Dann lohnt es sich, für alle ‹Abers› die Selbstakzeptanzübung zu Hilfe zu nehmen.

Letztendlich möchte jeder selbst bestimmen, ob und wann er eine Kreuzung überquert, unabhängig davon, ob es gerade grün ist oder nicht.

Entscheidungen werden mit Hilfe der Selbstakzeptanzübungen klarer, egal, für welche Richtung Sie sich entscheiden.

Ein Langzeitstudent in einem Zeitmanagementseminar berichtete, dass er seit Jahren nicht mehr regelrecht studiert habe. Abends nehme er sich immer wieder vor, am nächsten Tag die Stifte in die Hand zu nehmen und loszulegen. Am nächsten Morgen überhöre er dann meistens den Wecker oder wache trotz allerlei Weckversuchen erst später auf. Dies frustriere ihn immer derart, dass er zurück in die Kissen sinke, der Tag gehe dann ohne große Studienaktivitäten an ihm vorüber.

Gefragt nach Lebensweisheiten oder Sprichwörtern, die in der Familie üblich wa-

ren, berichtete er von seinem Opa, den er sehr bewundert habe. Dieser war ein Frühaufsteher und immer sehr aktiv gewesen. Sein Lebensmotto lautete: «Früher Vogel fängt den Wurm!»

Die vergangenen Jahre, die für den Mann in Bezug auf das Studium wenig erfolgreich verlaufen waren, erfüllten ihn mit Scham und Wut über sich selbst. Jeder verschlafene Morgen löste bei ihm zudem neue Schuldgefühle aus.

Mit dem Fokus auf die Scham- und Schuldgefühle, die er als schwere Last auf seinen Schultern spürte, und dem Beklopfen der Meridiane sank die Belastung. Besonders hilfreich waren u. a. die Selbstakzeptanzsätze «Auch wenn ich glaube, dass ich mein Studium niemals erfolgreich beenden werde, liebe und akzeptiere ich mich so, wie ich bin» und «Auch wenn ich morgens nicht früh aufstehe, liebe und akzeptiere ich mich so, wie ich bin». Er begann, seine Zeiteinteilung und seinen Arbeitstag zu überdenken und neu zu planen. Eine wichtige neue Erkenntnis war, dass es für seinen Studienerfolg vollkommen überflüssig war, schon morgens um acht Uhr am Schreibtisch zu sitzen. Er begann seine Aufstehzeit seinen effektivsten Arbeitsphasen, abends von 20 bis 24 Uhr, anzupassen und erlaubte sich, den Tag erst zwischen 10 und 11 Uhr zu beginnen.

Selbstzweifel und entwertende Gedanken tauchten immer wieder im Laufe der Zeit auf. Das Reiben des Selbstakzeptanzpunktes und das sofortige Aussprechen von diesbezüglichen Affirmationen halfen ihm, sein Gleichgewicht zu bewahren und langsam wieder arbeitsfähig zu werden.

Arbeitsfrust und seine Auswirkungen

Bisher haben Sie viel Allgemeines über Motivation gelesen und das emotionale Selbstmanagement mit Hilfe des Klopfens kennengelernt und vielleicht schon intensiv ausprobiert.

In den nächsten Abschnitten möchte ich die möglichen Auswirkungen Ihres Arbeitsfrustes auf Ihren Köper, Ihre Gedanken, Ihre Umgebung aufzeigen und gleichzeitig die Einsatzmöglichkeiten der Klopftechniken an Beispielen deutlich machen.

Die Last des Alltags: Körpersignale

In der Umgangssprache wird unser Körper ganz selbstverständlich zur bildhaften Beschreibung unseres Gemütszustandes zu Hilfe genommen: ‹Ich habe die Nase voll ...›, ‹Das ist mir auf den Magen geschlagen›, ‹Es bricht mir das Kreuz.› ‹Da bleibt mir die Luft weg.› ‹Mir wird ganz warm ums Herz›, ‹Ich habe Schmetterlinge im Bauch› u. v. m.

Was jedoch mit den Jahren oftmals verlorengegangen ist, ist die individuelle Wahrnehmung bzw. Zuordnung der emotionalen Befindlichkeit, die mit der vollen Nase, dem geschlagenen Magen und dem gebrochenen Kreuz verbunden sind. Interessanterweise ist vermutlich jedem klar, dass Liebe und Zuwendung die Schmetterlinge im Bauch flattern lassen und das Herz wärmen. Anerkennung und Lob lassen uns buchstäblich wachsen und mit stolzgeschwellter Brust durchs Leben gehen.

Dagegen lasten Ängste und Sorgen schwer auf uns und beugen den Rücken. Wut und Enttäuschung drehen uns den Magen um, Angst und Schrecken nehmen uns unter Umständen die Luft zum Atmen.

Ständige Kritik und Entwertung machen uns klein, unsicher und hilflos.

Ein empfindlicher Magen, die anhaltende Erschöpfung, immer

wiederkommende Infekte, Schulter-Nacken-Verspannungen, Rücken-
beschwerden bis hin zu Bandscheibenvorfällen treten häufig zeitgleich
mit oder als Folge von stressigen, über die Maßen belastenden Situationen auf. Der Betroffene, gefragt nach seiner Situation am Arbeitsplatz, ist
durchaus in der Lage, über stressige Arbeitsbedingungen zu berichten:
der cholerische Chef, der immer neue Anforderungen stellt und nie zufrieden ist, die Kollegen, die sich gegenseitig ausspielen, oder die kon-
tinuierlichen Meldungen über anstehende Entlassungen oder Firmen-
sitzverlegungen.

Viele Berufstätige sind jedoch nicht in der Lage, die tägliche Belastung
in einen angemessenen Zusammenhang mit den Signalen ihres Körpers
zu bringen. Leider wird so der Stein im Bauch immer größer, der Na-
cken immer steifer, das Atmen immer schwerer. Genau hier kommen die
Techniken des emotionalen Selbstmanagements zum Einsatz.

Im ersten Schritt stimmen Sie sich auf Ihre belastende Situation ein.
Die mit ihr verbundenen Gefühle, Ärger, Wut, Enttäuschung etc., werden
dabei ganz automatisch aktiviert. Gleichzeitig forschen Sie aktiv in Ihrem
Körper danach, wo Sie diese Belastung spüren, und stellen so eine Ver-
bindung zwischen **Körpersignalen**, **Gefühlen** und **Ereignissen** her. Körpersignale und Gefühle, die rechte Seite der Selbstmanagement-Brille,
werden mit dem Klopfen der Meridianpunkte behandelt.

Bereits beim Einstimmen auf ein schwieriges Ereignis tauchen auch
negative dysfunktionale **Gedanken** auf. Schließlich blicken Sie mit der
Selbstmanagement-Brille gleichzeitig auch durch das linke Glas auf
Ihr Problem. Die linke Brillenseite ist häufig von existenziellen Überlegungen, Selbstzweifeln und Selbstentwertungen besetzt, wie «Ich bin
einfach nicht in der Lage, die Anforderungen zu erfüllen»; «Ich schlucke
lieber alles runter, sonst fliege ich noch raus»; «Kündigen hat gar keinen
Zweck, ich komme in einer neuen Stelle auch nicht besser zurecht». In
der Selbstakzeptanzübung wird nach Möglichkeit jeder aufkommende
negative Gedanke, jede unangemessene Überlegung benannt und mit
Liebe und Selbstannahme neu in das Selbstkonzept integriert.

Mit dem Klopfen aktiv und gezielt etwas gegen die körperliche Last des Jobs tun zu können entspannt und öffnet neue Perspektiven. Von daher empfiehlt es sich, gerade wenn Sie das Klopfen neu entdecken, täglich zu üben. Die Balanceübung können Sie unabhängig von den anderen Techniken immer wieder in Ihren Alltag einbauen. Bei extrem stressigen Arbeitsphasen bietet es sich an, zwischendrin und mit dem emotionalen Selbstmanagement allgemeine Anspannung zu senken.

«Auch wenn ich nicht in der Lage bin, die Anforderungen zu erfüllen, liebe und akzeptiere ich mich so, wie ich bin.»
«Auch wenn ich momentan alle Schwierigkeiten runterschlucke, liebe und akzeptiere ich mich so, wie ich bin.»
«Auch wenn ich in einer neuen Stelle auch nicht besser zurechtkomme, liebe und akzeptiere ich mich so, wie ich bin.»

Ein Manager kam mit einem privaten Problem in meine Praxis. Während der Schilderung seiner Schwierigkeiten erwähnte er immer wieder seine körperliche Befindlichkeit. Er schilderte einen anhaltenden Druck auf der Brust und wiederholt auftretende Beklemmungsgefühle. Diese Symptome begleiteten ihn in letzter Zeit vermehrt durch seinen Arbeitsalltag, berichtete er. Eine Erklärung für seine Symptome hatte er nicht. Am Arbeitsplatz sei alles wie immer, daher sei er sehr irritiert über seine Beschwerden. Er fokussierte sich auf seinen Job und auf seine körperlichen Beschwerden und formulierte Selbstakzeptanzsätze wie: «Auch wenn ich über meine Beschwerden irritiert bin, liebe und ...» Die Affirmationen und das Klopfen der Meridiane brachten für ihn eine umgehende körperliche Erleichterung. Er konnte wieder tief durchatmen und spürte ein angenehmes Gefühl von Befreiung. Am Schluss bemerkte er: «Ich glaube, die anstehende jährliche Betriebsprüfung hat mich mehr mitgenommen, als ich mir bisher zugestanden habe.» Anschließend beschrieb er, wie sich seine Gedanken während der Übungen immer wieder um dieses Ereignis gedreht hatten.

Das tägliche Geschäftsgesicht: Verhalten

Mit jedem Beruf verbinden wir bestimmte Verhaltensweisen. Stellen Sie sich einen Arzt, einen Lehrer oder einen Manager vor, jede Person hat ein bestimmtes Erscheinungsbild, und Sie verbinden ganz spezielle Eigenschaften mit dem jeweiligen Beruf.

Führungskräfte sollen u. a. Dominanz und Sicherheit besitzen und diese auch ausstrahlen. Kompetenz und Souveränität ist für Lehrer wichtig, Identifikation mit seinem Produkt und Überzeugungskraft für den Verkäufer.

Was ist, wenn ich als Arbeitnehmer der Überzeugung bin, diese oder ähnliche Fähigkeiten ausstrahlen zu müssen, ohne dass ich dahinterstehe?

Grundsätzlich ist es kein Problem, hin und wieder mal ‹gute Miene zum bösen Spiel› zu machen. Solange Sie sich mehr oder weniger bewusst sind, warum Sie dies tun, wenn der Zustand vorübergehend oder der Nutzen entsprechend hoch ist, ist es zwar anstrengend, aber lebbar.

Ein anhaltendes Verhalten gegen seine inneren Überzeugungen bedeutet jedoch anstrengende bewusste bzw. unbewusste Selbstüberwindung. Besonders dann, wenn zudem niemand merken darf, dass das Auftreten nicht authentisch ist. Stellen Sie sich vor, von Ihnen wird ein unverbindliches, höfliches Auftreten erwartet, Sie würden aber am liebsten schreiend weglaufen.

Vielleicht sind Ihnen Situationen, in denen dieses oder ähnliches Verhalten von Ihnen gefordert wird, gut bekannt. Wie fühlen Sie sich nach Arbeitsschluss? In der Regel herrschen anschließend Erschöpfung und Müdigkeit vor. Manche sind dankbar, dass es vorbei ist, vielleicht aber auch resigniert, dass es morgen so weitergehen wird. Nicht selten reagieren Menschen aber auch mit innerer Anspannung und Unruhe und benötigen nach Feierabend viel Zeit, um ‹runter›zukommen.

Eine junge Frau mit genialem Verkaufstalent hatte in den ersten Jahren ihrer Tätigkeit als Handelsvertreterin kontinuierlich steigende Umsatzraten. Sie bekam firmeninterne Anerkennung und Auszeichnungen. Plötzlich stagnierten ihre Verkaufszahlen, gleichzeitig hatte sie das Gefühl, ausgepowert und kraftlos zu sein. Sie begann, an ihren Fähigkeiten zu zweifeln.

Im Coaching nannte sie zunächst familiäre Schwierigkeiten, die sie sehr vereinnahmten.

Im weiteren Gespräch erkundigte ich mich auch nach beruflichen Ereignissen der nahen Vergangenheit. Dabei erwähnte sie, dass es Veränderungen in der Firmenphilosophie gegeben habe und sie seitdem ihre Karrierepläne modifizieren musste. Bislang sei sie davon ausgegangen, dass sie durch bestimmte Verhaltensweisen ihren beruflichen Werdegang in ihrem Sinne aktiv beeinflussen könne. Neue Regelungen und Bestimmungen machten dies nun nahezu unmöglich.

Damit habe sich ihre gesamte Einstellung zu ihrer Firma verändert. Sie fühle sich von der Unternehmensführung getäuscht und hintergangen.

Es wurde deutlich, dass sie seitdem in ihren Verkaufsveranstaltungen mehr und mehr Probleme hatte, überzeugend aufzutreten. Je weniger sie sich mit dem Unternehmen identifizieren konnte, desto höher war der Energieaufwand, um Produkte zu verkaufen.

Neben der Erschöpfung, Enttäuschung und dem Frust bestimmten Gefühle der Ausweglosigkeit ihr Leben.

Übungen zur Selbstakzeptanz und die Bearbeitung von Selbstvorwürfen (S. 77) machten es möglich, dass sie sich erlaubte, trotz der recht guten Position im Unternehmen ihren Bedürfnissen nach Selbstwirksamkeit und Akzeptanz Rechnung zu tragen und den Arbeitsplatz zu wechseln.

Werden Anstrengungen angemessen belohnt, durch entsprechendes Gehalt, soziale Anerkennung, Wertschätzung und Akzeptanz, können wir authentisch und motiviert auftreten. Ist dies nicht der Fall, handeln Sie jeden Tag gegen Ihre innersten Impulse.

Das daraus resultierende ‹Geschäftsgesicht› kostet unendlich viel Kraft und Energie. Vielleicht haben Sie bereits beobachtet, wie Sie nach jedem offiziellen Auftritt förmlich in sich zusammensacken.

Je länger sich jemand in einem derartigen Zwiespalt befindet, desto mehr leiden Selbstachtung und Selbstwertgefühl. Schließlich werden täglich innerste Grundbedürfnisse und Überzeugungen verletzt, zudem erinnern Sie sich vielleicht an Mutter, Vater oder Großeltern, die mit der Devise ‹Reiß dich zusammen, Augen zu und durch …› schon früh eigene Wünsche vom Tisch gefegt haben. Ihre Bedürfnisse wurden damit nie ernst genommen.

Unabhängig davon, was im Hier und Jetzt oder in der Vergangenheit zu Ihrem ‹Geschäftsgesicht› geführt hat, empfiehlt sich auch hier, ein besonderes Augenmerk auf die linke Selbstmanagement-Brillenseite zu richten. Neben dem Klopfen der belastenden negativen Gefühle nutzen Sie die Selbstakzeptanzübung (S. 37) mit Ihren dezidiert formulierten Affirmationen. Es spricht nämlich nichts dagegen, sich selbst zu achten, zu respektieren und zu lieben, auch wenn man sich in einer beruflich schwierigen Situation befindet.

So könnten Ihre Selbstakzeptanzaffirmationen lauten:

«Auch wenn ich täglich gute Miene zum bösen Spiel mache, liebe und akzeptiere ich mich so, wie ich bin …»
«Auch wenn ich jeden Tag Dinge verkaufen muss, die ich grauenvoll finde, liebe und akzeptiere ich mich …»
«Auch wenn ich glaube, von meiner Firma/meinen Kollegen/Kunden/Klienten/ Patienten ausgenutzt zu werden …»

Mangelndes Selbstwertgefühl: Gedanken

Anhaltend ungünstige Arbeitsbedingungen wirken sich auf Ihr emotionales Erleben, auf Ihr körperliches Wohlgefühl und Ihr Verhalten aus. Ein weiterer Bereich unserer Persönlichkeit, der direkt negativ betroffen ist bzw. ungünstig reagiert, sind unsere Überlegungen und Gedanken. Ob eine Situation oder ein Ereignis gedanklich negativ be- bzw. verarbeitet wird, hängt entscheidend von der jeweiligen Sicht auf die Welt ab.

Stellen Sie sich vor, Ihr Bus nach Hause ist Ihnen genau vor Ihrer Nase davon-
gefahren. Jetzt bestimmt die Art Ihrer Gedanken und Überlegungen Ihre weitere
Befindlichkeit. Sehen Sie das Verpassen des Busses als Pech oder Schicksal an,
werden Sie sich vielleicht kurz darüber ärgern und sich dann nach den nächsten
Fahrmöglichkeiten erkundigen. Vielleicht wenden Sie Ihr Pech in Ihr Glück, noch
einen Kaffee trinken oder noch etwas Angenehmes erledigen zu können. Einige von
Ihnen werden dem Busfahrer die Schuld geben, der losgefahren ist, obwohl er Sie
gesehen hat. Wutschnaubend beschweren Sie sich vielleicht sogar über dieses Ver-
halten beim Busunternehmen und ärgern sich noch den Rest des Tages über diese
Frechheit. Sie können sich genauso gut aber auch selbst die Schuld geben. Wieder
mal haben Sie versagt. Ihre Zeiteinteilung ist so schlecht, dass Sie noch nicht ein-
mal den Bus rechtzeitig erreichen. Außerdem haben Sie sich vor allen Leuten zum
Deppen gemacht, als Sie erfolglos hinter dem Bus hergesprintet sind ...

Menschen, denen es gelingt, Erfolge oder Misserfolge angemessen inneren und äußeren Bedingungen zuzuschreiben, sind meistens in der Lage,
auch traumatische Geschehen gut zu verarbeiten. Große Probleme haben
diejenigen, die entweder die Ursachen eines Geschehens ihren eigenen
mangelhaften Fähigkeiten und Kompetenzen zuschreiben und/oder das
Gefühl haben, keinen Einfluss auf das nehmen zu können, was ihnen geschieht.

Das Ergebnis für das Gefühlskleid dieser Menschen bleibt immer
gleich: Sehen sie die Verursachung bei sich, dann ist die Selbstentwertung
die Folge. Sie zweifeln an ihren Kompetenzen und haben das Gefühl, zu
dumm und unfähig zu sein, um die angemessene Leistung zu bringen.
Ihr Selbstbewusstsein sinkt.

Oder sie schreiben die Verursachung allein den Arbeitsplatzbedin-
gungen zu, damit schließen sie sofort die Möglichkeit, selbst Einfluss
nehmen zu können, aus. Sie fühlen sich ausgeliefert, hilflos und ohnmächtig.

Eine grauenvolle Entwicklung, die ich gerade bei Studenten nach ver-
patzten Prüfungen erlebe.

Wie Sie sich denken können, ist weder das eine noch das andere Extrem in solchen Situationen hilfreich.

Absolut ungünstige Voraussetzungen für eine gesunde Einstellung zu sich selbst haben die Menschen, die Erfolge dem Glück oder dem Zufall zugutehalten und Misserfolge allein ihren mangelhaften Fähigkeiten zuschreiben.

Aus den eben beschriebenen Sichtweisen und Erklärungen der einzelnen Situationen entstehen negative Glaubensmuster, Gedankenstile und Selbstüberzeugungen, die immer wieder in ähnlichen Situationen ins Bewusstsein treten. («Wie den Bus, verpasse ich auch alle guten Chancen im Leben», «Ich schaffe es nie, pünktlich zu sein» …)

Auf diese Weise haben positive wie negative Gedanken, unbewusst und/oder bewusst, einen ungeheuren Einfluss auf unser Fühlen und Handeln. Das Erstaunliche daran ist, dass diese Gedanken Vorstellungen sind, die weder wahr sein noch auf Fakten basieren müssen. Ob real oder nicht, haben sie eine ungeheuer negative Wirkung auf unser Selbstbewusstsein und auf unser Selbstwertgefühl.

Ein allgemeines Glaubensmuster ist z. B. ‹Ich versage bei allem, was ich anfange›.

Stellen Sie derartige Denkstrukturen bei sich fest, sollten Sie diesen umgehend mit der Selbstakzeptanzübung (S. 37) entgegenwirken.

Auf lange Sicht lohnt es sich, eine negative Einstellung zum Leben und zur Welt grundsätzlich zu überdenken. Im Abschnitt ‹Perspektivwechsel› werde ich darauf näher eingehen (S. 93).

«Auch wenn ich überzeugt davon bin, dass ich bei allem versage, was ich anfange, liebe und akzeptiere ich mich so, wie ich bin.»

«Auch wenn ich glaube, dass ich nur zufällig erfolgreich war, liebe und akzeptiere ich mich so, wie ich bin.»

«Auch wenn ich mir momentan nicht vorstellen kann, dass mir etwas gelingt, liebe und akzeptiere ich mich so, wie ich bin.»

Bewältigungsstrategien: Ersatzbefriedigung

Chronisch anhaltender Arbeitsfrust, Stress und Versagensängste stehen im krassen Gegensatz zu unserem Grundbedürfnis nach Lustgewinn und Unlustvermeidung. Wie ich eingangs bereits erwähnte, haben derzeit ca. 20 % der Menschen ihrem Arbeitgeber innerlich gekündigt. Eine Form von Selbstschutz, um das eigene Selbstkonzept aufzuwerten und destruktiven Reaktionen, wie Depressionen, Burn-out etc., zu entgehen.

Ob bereits innerlich gekündigt oder nicht, sind unsere Arbeitsbedingungen so, dass wir laufend negativ verstärkt werden, dann entwickelt unser Körper Strategien, um diesen unangenehmen Spannungszuständen zu entgehen.

Was liegt näher, als zu schnell wirkenden, schnell greifbaren äußeren Ersatzbefriedigungen zu greifen? Unsere Umgebung bietet ein reichhaltiges Angebot an schnell wirkenden Substanzen: Nikotin, Koffein, Alkohol, Kokain, Amphetamine ...

Je nachdem, in welchem privaten Umfeld wir uns bewegen, sind zudem Drogen unterschiedlichster Herkunft akzeptiert und toleriert. Ihr Genuss zeigt jedem Konsumenten schnell, welche bestechende Wirkung damit unkompliziert erreicht werden kann. Ängste, Minderwertigkeitsgefühle, Unsicherheit, Hemmungen sind wie auf Knopfdruck weg ...

Aber auch in der Berufswelt ist es durchaus Usus, mit Aufputschmitteln und leistungssteigernden Präparaten die Arbeitsfähigkeit positiv zu beeinflussen.

Der Kater danach, der die negativen Seiten des Erlebens intensiviert, führt zu einer weiteren Abwertung des Selbstkonzeptes. Das Gefühl, den Anforderungen der Außenwelt nicht ausreichend standhalten zu können, hat einen selbstzerstörerischen Charakter.

Erschwerend kommt hinzu, dass sich bei zunehmendem Druck die ‹positive› Wirkung der einzelnen Drogen verringert, die Dosis muss gesteigert werden, Substanzen werden gemischt oder gewechselt. Der

Missbrauch von Alkohol und Drogen ist nur eine mögliche Bewältigungsstrategie.

Der Ausgleich von Selbstwertproblemen, Hilflosigkeits- und Abhängigkeitsgefühlen, Machtlosigkeit und Einsamkeit ist mit vielen Ersatzbefriedigungen möglich: Computerspiele, Kauferlebnisse, Internetkontakte, der Genuss von Speisen und anderen guten Dingen und manches mehr. Solange die für den betroffenen Menschen und seine Umgebung nicht in unangemessener Weise einschränkend oder bedrohlich sind, sind es Gegengewichte zum Frust am Arbeitsplatz.

Das emotionale Selbstmanagement hilft Ihnen, extrem frustrierende oder belastende Situationen im Alltag besser zu bewältigen. Frustreaktionen werden seltener, und Sie können Ihre Freizeit neu genießen. Ob Sie das ganze Übungsprogramm durchführen oder nur Teile auswählen, ist dabei unerheblich. Lassen Sie sich von Ihren Bedürfnissen leiten.

Manchmal wird ein Frustverhalten zur Sucht. Sollten Sie das Gefühl haben, dass Sie ohne Alkohol, Drogen, Extremeinkäufe, den PC etc. den Alltag nicht mehr bewältigen können, oder sind Sie vielleicht von der Familie und Freunden besorgt angesprochen worden, holen Sie sich Rat bei den relevanten Kontakt- und Beratungsstellen oder bei entsprechenden Fachleuten. Die Beratungsangebote in unserem Land sind vielfältig und gut und bieten Ihnen unbürokratisch Hilfen an.

Soziales Umfeld

Eine junge Studentin, die das Gefühl hatte, den Anforderungen ihres Studiums nicht gerecht zu werden, bat mich um Unterstützung. Aus der Schule war sie es gewöhnt, zu den Besten zu gehören, Klausuren und Referate gingen ihr damals leicht von der Hand. Nun saß sie oft tagelang an den Vorbereitungen für einzelne Prüfungen, deren Ergebnisse dann oft nicht ihren Erwartungen entsprachen. In den Seminaren fühlte sie sich klein, inkompetent und minderwertig. Mittlerweile hatte sie das Gefühl, für ein Studium nicht geeignet zu sein. Sie gehe immer seltener an die Uni, berichtete sie. Den Kontakt zu Kommilitonen mied sie mehr und mehr. Sie fühlte maßlose Wut auf diejenigen, die so unbeschwert und locker den Studienalltag bewältigten, während ihr das Wasser langsam bis zum Hals stieg. Ihre Eltern besuchte sie ebenfalls immer weniger. Sie schämte sich vor ihnen und wollte sie nicht mit ihren Schwierigkeiten belasten. Die junge Frau hatte sich so mittlerweile nahezu vollständig von ihrer sozialen Umgebung isoliert. Zu ihren Minderwertigkeitsgefühlen gesellten sich Einsamkeit und Wertlosigkeitsgefühle.

Wir bearbeiteten mit der Selbstakzeptanzübung ihr Selbstwertgefühl, was ihr am Anfang sehr schwerfiel. Selbstvorwürfe blockierten sie genauso wie das Gefühl, klein und hilflos zu sein. Die Bearbeitung der Big-Five-Erfolgssaboteure (S. 77) halfen ihr, ihre Einstellung zu sich zu verändern. Für ihr inneres Gleichgewicht war besonders wichtig, sich zu erlauben, sich lieben und akzeptieren zu dürfen, auch wenn sie inkompetent und studierunfähig war.

Beim Klopfen der 16 Akupunkturpunkte versetzte sie sich in Gedanken in ihre Arbeitsgruppe bzw. in eine Vorlesung. Die Angst vor dem Versagen, Scham und Wut darüber, dass ausgerechnet sie in dieser Lage festsaß, und Neid auf ihre Kommilitonen standen u. a. im Mittelpunkt der einzelnen Klopfdurchgänge. Die energetischen Übungen halfen ihr, ausgeglichener und gelassener auf ihre Lebenssituation zu schauen. Ihr fielen während und nach den Übungen Erlebnisse ein, in denen sie positive Rückmeldungen bekommen hatte. Sie erinnerte sich nun auch an Klagen von Mitstudenten, denen es ebenfalls schwerfiel, die Arbeiten zu bewältigen. Ihr Blick auf den Studienalltag wurde differenzierter, da neben negativen Momenten auch positive wahrnehmbar wurden. Schon nach kurzer Zeit konnte sie wieder in die Veranstaltungen gehen. Aufkommende Zweifel bearbeitete sie sofort, rieb den Selbstakzeptanzpunkt und dachte an die entsprechende Affirmation. Heute macht ihr das Studium Spaß. Höhen und Tiefen begleiten sie nach wie vor. Für die junge Frau gehören sie nun zum Studienalltag dazu und sind nicht mehr gefährlich für ihr Selbstkonzept und ihre Motivation.

Entwertungen, Selbstzweifel, Frust, Scham, Neid etc. haben durchaus auch eine konstruktive Seite. Sie sind für manche Menschen der eigentliche Antrieb, zu handeln; sie motivieren, die Situation zu verändern, den

Kampf aufzunehmen bzw. sich, falls es notwendig ist, angemessen zur Wehr zu setzen.

Ist die negative Belastung jedoch zu hoch oder sind die Abwehrkräfte erschöpft, begleiten die belastenden Gefühle und Gedanken die Betroffenen in den Familien- und Freizeitbereich und haben dort destruktive Folgen. Die eigene missliche Lage kann Neid und Hass auf diejenigen auslösen, denen scheinbar das Glück in die Wiege gelegt wurde. Aufgestauter Neid und Hass nagen gnadenlos am Selbstwertgefühl. Sie machen klein und giftig und führen oft dazu, dass man sich aus seiner Umgebung zurückzieht und vereinsamt.

Es wird Zeit für Ihr emotionales Selbstmanagement. Während Sie sich auf Ihre destruktiven Gefühle konzentrieren, vergessen Sie bitte die linke Seite der Selbstmanagementbrille nicht. Sie dürfen sich lieben und schätzen, auch wenn Ihre Freunde, mit denen Sie bislang gern Ihre Freizeit verbracht haben, scheinbar erfolgreicher sind als Sie. Auch wenn Kollegen momentan mehr Erfolg haben oder scheinbar besser mit der derzeitigen Situation umgehen können, sind Sie in Ordnung, so wie Sie sind. Übermäßiger Neid, Scham und Missgunst sind dysfunktionale Gefühle, die nicht durch ein einzelnes Ereignis entstehen, sondern sie sind die Summe aktueller und/oder vergangener Erfahrungen. Unter Umständen ist es eine kuriose Mischung lang vergessener Erlebnisse, die durch Verhaltensweisen der Freunde wieder aktiviert werden.

Nutzen Sie das emotionale Selbstmanagement, um unangemessene Reaktionen in den ‹Griff› zu bekommen und auf diese Weise gelassen und souverän mit den schwierigen Ereignissen in Ihrem Leben umzugehen. Andernfalls beeinträchtigen Probleme am Arbeitsplatz auch andere Lebensbereiche.

Ängste, Wut, Enttäuschung, was auch immer am Arbeitsplatz vorherrscht, ist nur selten an der Haustür abzustreifen. Je nachdem, welcher Typ Sie sind, tragen Sie Ihre Gefühle und Gedanken in Ihr privates Reich.

Menschen, die eher impulsiv und mitteilungsbedürftig sind, können nach Arbeitsende mit ihrer übermäßigen Wut, ihrem Ärger und ihrer Unzufriedenheit häufig nicht angemessen umgehen. Wer ist als Adressat am besten geeignet? – Die lärmenden Kinder, der geliebte Partner bzw. alle anderen ahnungslosen Menschen, die ihnen nach ihrem Arbeitstag begegnen und dann ihrem Frust ungeschützt ausgeliefert sind. Erlebte Ängste im Job übertragen sich schnell auf die Familie. Angst um das Wohlergehen der Lieben verunsichert diese und lässt sie unter Umständen wenig Vertrauen in die Welt und ihre eigenen Fähigkeiten entwickeln.

In meiner Arbeit begegnen mir immer wieder Eltern, die sich in ihrer Schulzeit selbst hilflos und ausgeliefert gefühlt haben und die dieses Erleben bis heute nicht loslassen konnten. Die Vorstellung, ihr heranwachsendes Kind könnte nun in eine ähnliche Situation geraten, macht ihnen Angst. Unsichere Eltern neigen bei kleinsten Unzulänglichkeiten und Schwierigkeiten zu übermäßiger Kritik und/oder Resignation. Erfolge werden selten ausreichend gewürdigt, stattdessen werden die Erwartungen (z. B. gute Noten) höhergeschraubt. Warum sollte dieser junge Mensch motiviert und engagiert in die Schule gehen? – Lernt er und ist erfolgreich, muss er noch mehr lernen. Lernt er und erfüllt dabei nicht die Erwartungen seiner Eltern, erntet er Kritik oder Zweifel.

Gerade Kinder brauchen eine aufmerksame, verstärkende, aber nicht verängstigende Begleitung in ihr Leben. Stärken Sie sich selbst, indem Sie mit dem Klopfen Ihren Ängsten und Sorgen angemessen begegnen.

Kinder profitieren übrigens außerordentlich von der Nutzung der Werbeclaim-Technik (S. 83). Die vier Aktivierungspunkte werden geklopft, während eine vorher ausgewählte positive Affirmation gesprochen wird: «Ich schaffe das!», «Der Sieg ist mein!», «Ich bin o. k., so wie ich bin!» u. Ä.

Arbeitsfrust und seine Ursachen

Der vorhergehende Abschnitt handelte von den Auswirkungen von Arbeitsfrust und wie diese mit dem emotionalen Selbstmanagement mittels Klopfens bewältigt werden können.

Manchmal entlastet das ‹Klopfen› den Betroffenen nur kurz oder für ihn nur unzureichend. Dann ist es ratsam, sich mit möglichen Ursachen des Arbeitsfrustes auseinanderzusetzen. Häufig liegen tiefergehende, unangemessene emotionale Verstrickungen vor, die ein Absinken der emotionalen Belastung blockieren. Erst wenn diese in den Übungsablauf mit einbezogen werden, kann der Stress sinken.

> Vergleichen wir unsere Befindlichkeit mit einem Suppentopf, so lässt die Arbeitsunzufriedenheit die Suppe brodeln. Die einzelnen Zutaten beeinflussen, wann der Siedepunkt erreicht ist. Wenn die Suppe erst mal kocht oder vielleicht überkocht, wird der Schaden bearbeitet, und alle versuchen, die Folgen zu beheben.
>
> Die Frage, warum sie überkocht und warum sie nicht vorher vom Feuer genommen wurde, ist für das Gelingen der nächsten Suppe wesentlich.

Im folgenden Abschnitt steht eine Auswahl von Ursachen für unbefriedigende Arbeitssituationen im Mittelpunkt. Unabhängig davon, ob es Parallelen zu Ihrem eigenen Leben gibt oder ob sich neue Zusammenhänge zwischen Ihrem Job und Ihrer Befindlichkeit auftun, werden Sie erfahren, wie Sie mit dem ‹Klopfen› positiv Einfluss auf Ihre psychische Verfassung nehmen können. Inwieweit haben eigene Motive bei der Berufswahl eine Rolle gespielt, haben Sie Ihren Job im Griff, werden Ihre Erwartungen erfüllt? Alle diese Aspekte können Ihre Zufriedenheit beeinflussen.

Nie wirklich entschieden

Nicht selten ist die Berufswahl einem gewissen Automatismus unterlegen. So ist mit dem Abitur in der Tasche ein anschließendes Studium selbstverständlich. Nehmen wir an, Sie sind in der Umgebung von Lehrern, Juristen oder Betriebswirten aufgewachsen. Es liegt nahe, in die gleiche Berufsbranche hineinzugehen.

Eine junge Frau studierte seit sechs Semestern Biologie und Englisch auf Lehramt. Es fiel ihr entsetzlich schwer, morgens aufzustehen, um rechtzeitig bei den Veranstaltungen zu sein. Protokolle und Referate schaffte sie oft nur mit Hilfe von Freunden. Sie bestand die Prüfungen zwar meistens, war jedoch fortwährend unzufrieden, da sie immer auf die letzte Sekunde mit den Vorbereitungen anfing und schrecklich unter der Anspannung litt.

Auf die Frage, warum sie sich für das Lehramtsstudium entschieden habe, berichtete sie, dass ihr dies von der Familie und von allen Freunden nahegelegt worden sei. Sie könne doch so gut mit Kindern umgehen, sei so ein fröhlicher Mensch und komme sicher gut im Unterricht zurecht.

Ihr eigentlicher Wunsch sei ein Medizinstudium gewesen, davor sei sie von allen gewarnt worden. Nach den jetzigen Erfahrungen im Biologie-Studium sei sie sicher, dass sie dieses Studium schon gar nicht schaffen würde.

Im weiteren Gespräch zeichnete sie mit Worten ein begeistertes Bild einer jungen Kinderärztin, die sich engagiert und motiviert um ihre Patienten kümmert. Sie berichtete von einer Tante, die ihr immer ein großes Vorbild war. Die Augen der Studentin glänzten, ihre Bedrücktheit und Verzweiflung waren für einen Moment verflogen.

In den folgenden Terminen erwog sie die Möglichkeiten, ihr Studienfach vielleicht doch noch zu wechseln. Es tauchten vielfältige Aspekte auf, die ihre Entscheidung beeinflussten: ihr geringes Selbstvertrauen in ihre Leistungsfähigkeit und in ihre Intelligenz, die Einstellung ihres Vaters zu ihrer Berufswahl, die Finanzierung des Medizinstudiums ...

Mit der Selbstakzeptanzübung verbesserte sich ihr Selbstvertrauen, das Klopfen der Akupunkturpunkte reduzierte ihre Ängste vor ihrem Vater, vor der Möglichkeit *einer Fehlentscheidung und vor der Befürchtung, nicht ausreichend intelligent zu sein (sie erinnerte sich wieder an ihre sehr guten Leistungen zu Beginn ihres Lehramtsstudiums). Am Ende war sie so klar in ihrem Ziel, dass sie das Gespräch mit ihren Eltern suchte und diese von ihrem Plan überzeugen konnte. Heute studiert sie hochmotiviert und erfolgreich Medizin.*

Externe Motive, wie Arbeitsplatzsicherheit, Höhe des Gehaltes, Status, Fortführen einer Familientradition u. a., sind häufig für die Berufswahl entscheidend. Grundsätzlich ist dagegen auch nichts zu sagen.

Nichts spricht dagegen, mit sehr guten Abschlussnoten in Englisch und Deutsch und Spaß an den Sprachen diese als Hauptfächer im Studium zu wählen. Es sei denn, die Arztpraxis des Vaters wartet auf den Nachfolger, die Angestellten der Eltern begrüßen Sie schon als Juniorchef, oder Sie haben eigentlich ganz andere Bedürfnisse und geraten dadurch über kurz oder lang in motivationale Schwierigkeiten. Je weniger interne Motive und Vorstellungen im Arbeitsalltag Berücksichtigung finden, desto mehr geraten das Denken und Fühlen ins Ungleichgewicht.

Veränderungen sind häufig nicht möglich, da äußere Verpflichtungen, Selbstvorwürfe, Vorwürfe anderen gegenüber, Loyalitäten usw. den Blick darauf verstellen. Was bleibt, ist das Gefühl, am falschen Platz zu sein, gefangen in den Notwendigkeiten des Lebens, abhängig, hilflos und ausgeliefert.

Ich möchte Sie dafür sensibilisieren, dass Ihr Frust, Ihre Unzufriedenheit und Ihre Misserfolgserlebnisse nichts mit mangelnden Fähigkeiten und Inkompetenzen zu tun haben, sondern vielmehr darin begründet sind, dass Sie sich vielleicht an einem ungeeigneten Arbeitsplatz oder im falschen Studiengang befinden.

Deshalb müssen Sie wiederum nicht alles hinschmeißen. Anstatt mit Ihrem Schicksal zu hadern, sollten Sie aktiv die Verantwortung für Ihr emotionales Befinden, Ihr Denken und Handeln übernehmen. Beginnen Sie mit dem emotionalen Selbstmanagement und bearbeiten Sie mit den Klopftechniken Ihre dysfunktionalen Gefühle wie z. B. Wut, Enttäuschung, Hilflosigkeit. Spüren Sie die blockierenden und sabotierenden negativen Selbstaussagen und Selbstüberzeugungen auf, wie z. B. ‹Einmal verkehrt, immer verkehrt›, ‹Mitgehangen ist mitgefangen›, ‹Einen alten Gaul kann man nicht vor einen neuen Wagen spannen› ..., und lösen Sie Ihre psychischen Belastungen.

An dieser Stelle sollten Sie sich zusätzlich mit den Big-Five-Erfolgssaboteuren beschäftigen (S. 77). Die emotionale Belastung sinkt häufig mit dem Klopfen der Akupunkturpunkte allein nicht ausreichend, da manchmal Vorwürfe sich selbst oder anderen gegenüber, inneres Schrumpfen und Loyalitäten belastend hinzukommen (vgl. Arbeitsblatt zu Selbstvorwürfen, S. 78).

Es ist durchaus möglich, gelassen und entspannt eine ‹unpassende› Tätigkeit auszuüben, wenn Sie gleichzeitig Bereiche für sich öffnen, in denen Sie Ihre Bedürfnisse ausleben können, in denen Sie Freude, Selbstbestätigung und Freiheit erleben. Vielleicht haben Sie aber auch schon seit langem eine alternative Tätigkeit im Auge und trauen sich nicht, sie umzusetzen.

Nehmen Sie sich die Zeit und geben Sie Ihren Wunschbildern Raum. Beklopfen Sie die dabei aufkommenden negativen Gefühle und Gedanken. Die Imaginationsübung (S. 83) hilft Ihnen, Ihre Zuversicht und Ihre Tatkraft zu stärken. Sie werden sehen, dass sich Ihre gesamte Wahrnehmung und Einstellung verändert.

Die Arbeit frisst sie auf

Frau C. arbeitet sehr gern in ihrem Job als Programmiererin. Sie ist hochqualifiziert und wird für ihre Kompetenz von Kollegen und Vorgesetzten außerordentlich geschätzt. Neben ihren ganz normalen Aufgaben haben sich die Kollegen darauf eingestellt, dass sie jederzeit für Fragen und Probleme zur Verfügung steht. Die

Vorgesetzten von Frau C. sind dankbar für ihre zuverlässige Lösung von Problemen und wenden sich immer wieder auch sehr kurzfristig an ihre Mitarbeiterin, um ihr neue Aufgaben zu übergeben. Die hilfsbereite Frau kann jede einzeln an sie herangetragene Fragestellung in der Regel schnell klären. So erliegt sie immer wieder den ratlos bittenden Kollegen, kurz mal auf diesen oder jenen Entwurf draufzuschauen.

Mit der Zeit kann Frau C. sich nicht mehr ausreichend gegen die zunehmende Arbeitsbelastung wehren, macht immer mehr Überstunden und bricht schließlich körperlich zusammen.

Im Gespräch wurde deutlich, dass Frau C. unter vielfältigen Ängsten litt: der Angst, Achtung und Wertschätzung der Vorgesetzten und Kollegen zu verlieren, der Angst, nicht ihre «Frau» stehen zu können, der Angst, als inkompetent angesehen werden zu können, der Angst, nein zu sagen.

Die Erarbeitung detaillierter Selbstaussagen in der Selbstakzeptanzübung und das anschließende Beklopfen der Ängste gaben ihr Mut und Selbstvertrauen zurück.

Sie suchte schließlich das Gespräch mit ihrem Vorgesetzten. Dieser zeigte, wider ihren ursprünglichen Befürchtungen, volles Verständnis für ihre Überlastung und ermutigte sie, sich die Zeit zu nehmen, die sie zum Gesundwerden brauchte. Anschließend bot er ihr an, in Teilzeit wieder an den Arbeitsplatz zurückzukehren und ihren Kräften entsprechend wieder einzusteigen.

Gerade wenn eine Tätigkeit Spaß macht und damit sehr viel innere und äußere Selbstbestätigung, Achtung und Respekt verbunden sind, ist es oft sehr schwierig, Maß zu halten. Im Tun gefangen, erleben wir uns kompetent und selbstwirksam. Wir bekommen von unserer Umgebung in hohem Maße Achtung, Wertschätzung und Anerkennung.

Die meisten Menschen erleben diese Form von Arbeitsbelastung als positiv und sind in der Lage, die Bedürfnisse ihres Körpers wahrzunehmen und zu balancieren. Sie nehmen sich Auszeiten, gehen in ihrer Freizeit entlastenden Aktivitäten nach u. Ä.

Gelingt ihnen diese Balance nicht, ist ihre Gesundheit auf Dauer gefährdet. Der Umstand, dass jemand so leichtfertig mit sich und seinem Wohlergehen umgeht, kann vielerlei Gründe haben. Wie Sie im obigen

Beispiel gelesen haben, spielen sowohl Gefühle als auch Gedankenstile eine Rolle.

Die Vorstellung, die Arbeitsweise zu verändern, langsamer zu arbeiten, sich Freiräume zu schaffen oder Prioritäten zu setzen, ist für Menschen dann unvorstellbar. Der bloße Gedanke daran, nein zu sagen, löst Ängste und Befürchtungen aus.

Die Angst, von den Kollegen nicht mehr geschätzt zu werden oder den Zorn der Vorgesetzten auf sich zu ziehen, verhindert Veränderungen ebenso wie die unangemessene Überzeugung ‹Aufgaben, die uns übertragen werden, müssen immer sofort erledigt werden› oder ‹Wenn ich nicht mehr funktioniere wie bisher, gefährde ich meinen Job, mein Einkommen, meinen Lebensstandard›.

Trotz Ängsten und Befürchtungen sollte Ihre Gesundheit für Sie an erster Stelle stehen. Geben Sie sich einen Ruck und beginnen Sie, mit den Übungen des emotionalen Selbstmanagements langsam und stetig Ihre Situation zu entspannen und zu verändern.

Übungen aus dem Zeitmanagement können Ihnen dabei zusätzlich hilfreich zur Seite stehen. Ein gutes Zeitmanagement ist das A und O eines vielbeschäftigten Menschen.

Falls Sie in der Umsetzung Ihrer Zeitpläne bislang gescheitert sind, sind vermutlich Selbstsaboteure am Werk. An dieser Stelle ist es hilfreich, emotionales Selbstmanagement und Zeitmanagement zu kombinieren. Sobald sich Ihnen die sprichwörtlichen Nackenhaare aufstellen, wenn Sie an vor Ihnen liegende Aufgaben und Projekte auch nur denken, sollten Sie umgehend klopfen.

Oftmals hilft als Akutmaßnahme bereits das Klopfen der vier Aktivierungspunkte. Dabei konzentrieren Sie sich einfach auf Ihre aktuelle Befindlichkeit und denken bzw. sprechen Ihren Lieblingswerbeclaim dazu (S. 83).

Eine Studentin, die für die Vorbereitung ihrer Abschlussprüfung noch zwei Monate Zeit hatte, hatte einen schlüssigen Zeitplan verfasst. Nach zwei Wochen bat sie mich vollkommen frustriert und verzweifelt um Hilfe, da sie sich bisher nicht einen einzigen Tag an ihre Vorgaben gehalten hatte. Sie berichtete, dass sie jeden Morgen voller Zuversicht beginne, nach kurzer Zeit jedoch ihr Handy klingele und eine Freundin ihren Rat brauche. Zudem wohne sie in einer großen Hausgemeinschaft in der Nähe der Uni, dort gebe es ein ständiges Kommen und Gehen. Schnell werde ein Tee gekocht und sich festgequatscht. Der Rückzug an ihren Schreibtisch sei kaum möglich, zumal sie Angst habe, dass in diesem Fall bald keiner mehr vorbeikomme und sie vereinsame. Die Angst, nicht mehr dazuzugehören und vergessen zu werden, hindere sie auch daran, ihr Handy in Lernzeiten auszuschalten.

Im ersten Schritt arbeiteten wir mit der Selbstakzeptanzübung, in der es darum ging, sich auch dann zu lieben und zu schätzen, wenn man nicht immer und zu jeder Zeit für seine Mitmenschen zur Verfügung steht. Danach war ihr Angstniveau bereits gesunken. Im zweiten Schritt stellte sich die junge Frau vor, dass ihr Handy klingelt, es an der Tür klopft und sie niemandem Gehör schenkt. Dabei stieg ihre Angst wieder an.

Mit Hilfe des emotionalen Selbstmanagements gelang es, ihre Ängste und Befürchtungen zu bewältigen. Im nächsten Gespräch berichtete sie freudestrahlend, dass sie mittlerweile in der Bibliothek ungestört arbeite, ohne Handy, und gute Fortschritte mache. Ihr Freundeskreis habe ‹erstaunlicherweise› ohne Murren akzeptiert, dass sie nur abends zu erreichen sei. Sie liege gut im Zeitplan und könne die abendlichen Treffen und Gespräche ohne schlechtes Gewissen genießen.

Bei andauerndem Stress empfiehlt es sich, das gesamte emotionale Klopf-Selbstmanagement regelmäßig in den Alltag zu integrieren. Bitte lassen Sie dabei die Big-Five-Erfolgssaboteure nicht außer Acht, da sich diese immer wieder einschleichen (S. 77).

Erfolgreich, aber leer

Sie haben bislang alles erreicht, was Sie wollten. Sie haben den Job bekommen, für den Sie so lange gekämpft hatten, Sie steigen kontinuierlich auf Ihrer Karriereleiter nach oben.

Doch leider bleibt das Glücksgefühl aus. Anstatt stolz, selbstbewusst und zufrieden durch die Welt zu gehen, fühlen Sie sich leer.

Herr N. kam aus einer kleinen Handwerkerfamilie. Von klein auf half er mit und unterstützte seinen Vater in seiner freien Zeit und in den Ferien. Auf Drängen seiner Lehrerin besuchte er als Erster in der Familiengeschichte das Gymnasium. Nach einem guten Abitur begann er ein Medizinstudium. Sein Ausbildungsgang war vorbildlich. Er bestand alle Prüfungen und bekam für seine Doktorarbeit eine Auszeichnung. In den darauffolgenden Jahren qualifizierte er sich kontinuierlich weiter und schloss in kurzer Zeit zwei Facharztausbildungen ab. Als Spezialist ließ er sich in einer großen Stadt nieder und führte eine angesehene Praxis. Er gründete eine Familie und wurde Vater von zwei gesunden Kindern. Trotz seiner beruflichen und privaten Erfolge blieb die Freude aus. Immer wieder durchlebte er depressive Phasen, für die es keine Erklärung zu geben schien.

Bei Herrn N. halfen die einfache Selbstakzeptanzübung und das Klopfen der 16 Punkte zunächst nicht.

Herr N. fühlte sich trotz seiner großen Leistungen minderwertig und schuldig, seine Eltern im Stich gelassen und nicht den elterlichen Betrieb weitergeführt zu haben. Erst als diesbezüglich Selbstüberzeugungen und innere Glaubenssätze mit hinzugezogen wurden, veränderte sich seine emotionale Befindlichkeit.

Herr N. thematisierte dies beim Klopfen («Auch wenn ich meine Eltern im Stich gelassen habe, liebe und akzeptiere ich mich so, wie ich bin» usw.) und arbeitete vor allem mit den sog. Big-Five-Lösungsblockaden (S. 77): Selbstvorwürfe, Vorwürfe gegen andere, Erwartungshaltung anderen gegenüber, inneres Schrumpfen und dysfunktionale Loyalitäten. Langsam, aber stetig veränderte er seine Einstellung zu sich und zu seiner Tätigkeit. Das Bedürfnis, durch immer neue berufliche Erfolge das Verlassen des elterlichen Betriebes zu rechtfertigen, wurde immer unwichtiger. Er konnte mehr und mehr zu seiner beruflichen Entscheidung und seinem Lebensweg stehen und sich von seinen Schuldgefühlen den Eltern gegenüber lösen. Mit der Zeit verschoben sich auch seine Lebensschwerpunkte. Er arbeitete weniger und nahm sich mehr Zeit für sich und seine Familie.

Externe Belohnungen, wie Einkommen, Besitz, erbrachte Leistungen, machen langfristig weder zufrieden noch glücklich, wenn nicht gleichzeitig innere Bedürfnisse, innere Überzeugungen und Werte befriedigt sind. Gehen Sie mit den jeweiligen Übungen im Kapitel ‹Veränderung – So geht's!› (S. 100) auf die Suche nach Blockaden.

Wenn äußere Gegebenheiten keine offensichtliche Erklärung für Demotivation und Unzufriedenheit bieten, schauen Sie nach Ihren persönlichen Bedürfnissen und versuchen Sie, ihnen mehr Raum in Ihrem Leben zu geben.

Konflikte mit Kollegen

Überall, wo Menschen zusammenarbeiten, kommt es zu Missverständnissen, Grenzüberschreitungen und Konkurrenzsituationen. Dies geschieht sowohl zwischen Vorgesetzten und Angestellten als auch zwischen den Kollegen untereinander. Problematisch wird es besonders dann, wenn Unstimmigkeiten über einen längeren Zeitraum bestehen und nicht geklärt werden können. Dies kann zum einen daran liegen, dass ein Austausch grundsätzlich in der Abteilung, in dem Team nicht üblich ist, zum anderen kann es aber auch an der mangelnden Konfliktfähigkeit und -bereitschaft der Einzelnen liegen. Ungelöste bzw. schwelende Konflikte binden nicht nur ungeheure Mengen von Energie, paradoxerweise räumen Sie damit Ihrem Chef oder Ihrem Kollegen in unangemessener Weise Einfluss auf Ihr Leben ein.

Der Ärger über einen Kollegen, der Mehrarbeit verursacht, in Konkurrenz geht, die Stimmung vermiest o. Ä., beschäftigt Menschen nicht nur während ihrer Arbeitszeit, sondern auch während ihrer Freizeit.

Sie sind unkonzentriert, übel gelaunt, fahrig und stellen vielleicht bereits sich selbst bzw. Ihren Arbeitsplatz in Frage. Wollen Sie Ihren Kollegen und Vorgesetzten so viel Ihrer Lebenszeit und -energie zur Verfügung stellen? Vor allem vor dem Hintergrund, dass Sie vermutlich viel Wichtigeres zu tun haben?

Je länger Sie die Klärung eines Problems hinausschieben, desto mehr leiden Sie, Ihre körperliche Befindlichkeit, Ihre Stimmung, Ihre Freizeit, Ihre Familie, Ihre Freundschaften ...

Erwarten Sie nicht, dass andere für Sie sorgen, sorgen Sie lieber schon mal für sich selbst.

Übung

Nehmen Sie ein großes Blatt und bunte Stifte zur Hand. Zeichnen Sie sich, Ihren Chef, Abteilungsleiter, Ihre Kollegen, Ihre Angestellten und holen Sie sich die bekannten gruppeninternen Beziehungen vor Augen.

Wer steht an welcher Stelle in Ihrem Arbeitsumfeld? Wer gibt wem Anweisungen, wer ist mit wem befreundet, wer steht mit wem auf dem Kriegsfuß usw.?

Wo stehen Sie? – Und in welcher Beziehung stehen Sie zu den einzelnen Personen? Wer ist positiv, hilfreich und stärkend im Kontakt? Wer raubt Ihnen Kraft, ärgert oder verletzt Sie?

Ist Ihre soziale Umgebung an Ihren Motivationsschwierigkeiten beteiligt, werden Sie beim Nachdenken und Zeichnen vermutlich eine ganze Reihe von negativen Gedanken und Gefühlen spüren.

Nehmen Sie die Anleitung zum emotionalen Selbstmanagement zur Hand und fokussieren Sie sich auf Ihre Belastung, auf Ihr Problem und bearbeiten Sie, was Sie belastet, mit den Klopfübungen.

Mit dieser Übung räumen Sie den Konflikt noch nicht aus dem Weg, Sie verändern jedoch Ihre Einstellung zu der Situation und zu den beteiligten Personen. Berufliche Konfliktsituationen aktivieren häufig alte Erinnerungen aus Kindheit und Jugend. Bedürfnisse nach Kontrolle, Selbstwirksamkeit und Unabhängigkeit begleiten schon früh die Macht- und Autonomiebestrebungen eines Menschen. Die gesammelten Erfahrungen wirken hier und jetzt auf das jeweilige Konfliktverhalten. So kann es durchaus sein, dass eine Auseinandersetzung mit einem Kollegen ähnliche Züge hat wie ein weit zurückliegender Streit, bei dem Sie unterlagen und dessen Wunden heute noch schmerzen. Frei nach dem Motto ‹Ein gebranntes Kind scheut das Feuer› sind Sie vielleicht seitdem in ähnlichen Momenten ängstlich und klein (vgl. inneres Schrumpfen, S. 81). Ihr zurückhaltendes, defensives Verhalten ist in der aktuellen Situation aber unangemessen. Es ist genauso möglich, dass Sie in unangemessenen Zorn geraten.

Sie sind nun erwachsen und haben mittlerweile ausreichende Fähigkeiten und Wissen erworben, um angemessen zu reagieren. Sollte dies momentan nicht möglich sein, weil Sie vielleicht befürchten, in einem Gespräch die Beherrschung zu verlieren, oder Sie sich durch alte Erlebnisse beeinträchtigt fühlen, greifen Sie vorher zum emotionalen Selbstmanagement. Fokussieren Sie sich auf Ihre konkrete Arbeitssituation und Ihre damit verbundenen negativen Gefühle, und los geht's mit dem Klopfen.

Vielleicht kommen während des Klopfens Erinnerungen an Vergangenes, dann können Sie diese gleich mitbearbeiten. Wenn Ihre Belastung gesunken ist, gehen Sie im nächsten Schritt zum Abschnitt ‹Selbstwertgefühl steigern ...› (S. 83). So bereiten Sie sich optimal auf die bevorstehende Auseinandersetzung vor.

Weitere Strategien für mehr Arbeitszufriedenheit

Erfolgssaboteure – Die Big Five

Sie haben nun die Übungen zum emotionalen Selbstmanagement ausprobiert und mehrfach themen- bzw. situationsbezogen angewandt.
Möglicherweise konnten Sie Ihre negativen Gefühle bislang jedoch nicht
hinreichend reduzieren. Wenn dies der Fall sein sollte oder wenn Sie das
Gefühl haben, es fehlt Ihnen an Zuversicht und positiver Sicherheit, um
neue Schritte zu gehen, liegt höchstwahrscheinlich einer der Big-Five-
Erfolgssaboteure vor: Erfolgs- oder Lösungsblockaden, die als innere
Saboteure das eigentliche Ziel in Frage stellen. Die fünf häufigsten und
wesentlichsten sind:[18]

- Big Five Nr. 1:   Sie machen sich einen Vorwurf.
- Big Five Nr. 2:   Sie machen einem anderen Menschen einen Vorwurf.
- Big Five Nr. 3:   Sie verharren in einer Erwartungshaltung, von der
  Sie sich noch nicht gelöst haben.
- Big Five Nr. 4:   Sie schrumpfen innerlich, fühlen sich kleiner, hilf-
  loser, abhängiger, als Sie in Wirklichkeit sind.
- Big Five Nr. 5:   Sie haben eine unbewusste Loyalität anderen (Ihnen
  nahestehenden) Menschen gegenüber, die auch
  nicht erfolgreich oder glücklich sein konnten, woll-
  ten oder durften.

Die ersten drei Erfolgssaboteure kommen dem ‹Hadern mit dem Schicksal› gleich. Ein großer Teil der Lebenskraft ist dadurch gebunden. Eine
belastende Situation wird hier nicht nur von den aktuellen Gefühlen
bestimmt, sondern auch von tieferliegenden Einstellungen und Selbstüberzeugungen, die ein Nachlassen der aktuellen unangenehmen Empfindungen verhindern.

Selbstvorwürfe wirken sich zudem negativ auf das Selbstwertgefühl und
die Selbstsicherheit aus. Dies kommt fast einer Selbstgeißelung gleich.

Gedanken wie «Wie konnte ich nur ...?» oder «Das werde ich mir niemals verzeihen» sind jedem bekannt.

Beschränken sich diese Gedanken auf das damit zusammenhängende Ereignis, stellen sie für zukünftiges Geschehen keine Schwierigkeiten dar. Tauchen diese Gedanken in ähnlichen Situationen jedoch wieder auf, führen sie unter Umständen zu unangemessenen Reaktionen.

Ein Selbstvorwurf löst sich auf, wenn Sie ihn als gegeben akzeptieren und sich verzeihen. Arbeitsblatt 1 (s. u.) beschreibt die Übung.

Auch *Vorwürfe anderen gegenüber* sind zäh und langlebig. «Wie konnte er/sie nur ...?» ist eine Anklage, mit der man sich lange beschäftigen kann. Sie beziehen sich meistens auf nahestehende Personen, von denen Sie in der Vergangenheit in irgendeiner Weise verletzt oder geärgert wurden.

Während diese Menschen ihre Fehlhandlungen oder Fehlentscheidungen längst vergessen haben, wird Ihr Leben immer noch davon bestimmt. Damit räumen Sie diesen ‹Übeltätern› nachhaltig Macht über Ihr Leben ein. Soll das so sein? Sicherlich nicht! Sie leiden und blockieren damit Ihre Lebensfreude und Ihre Kreativität, während Ihr Gegenüber sich keiner Schuld bewusst ist. Akzeptieren Sie, dass das Vergangene zu Ihnen gehört und dass Sie sich trotz alledem lieben und wertschätzen, und verzeihen Sie dem jeweiligen Menschen, was er Ihnen angetan hat. Auf Arbeitsblatt 2 (S. 80) befinden sich Beispiele für die Bearbeitung der ‹Vorwürfe gegenüber anderen›.

Arbeitsblatt 1: *Selbstakzeptanz bei Selbstvorwürfen*[19]

Denken Sie an Ihre belastende Situation, Ihr Thema und formulieren Sie darauf bezogen den Selbstakzeptanzsatz so, dass im ersten Teil der Vorwurf benannt wird. Während der Selbstakzeptanzpunkt gerieben wird, sprechen Sie den Satz dreimal laut aus:

«Auch wenn ich mir (immer noch) vorwerfe, ... ,
liebe und akzeptiere ich mich so, wie ich bin.»

Oder:

«Auch wenn ich mir (immer noch) den Vorwurf mache, ..., liebe und akzeptiere ich mich so, wie ich bin.»

Wenn man nicht anders konnte, als so zu handeln, könnte man noch folgenden Satz dreimal laut aussprechen (dabei auf dem Selbstakzeptanzpunkt kreisend reiben oder den Zeigefinger klopfen):

«Und jetzt verzeihe ich mir aus ganzem Herzen, da mir klar wird, dass ich nicht anders <u>konnte</u>!»

Wenn man nicht anders wollte, als so zu handeln, könnte man noch folgenden Satz dreimal laut aussprechen:

«Und jetzt verzeihe ich mir aus ganzem Herzen, da mir klar wird, dass ich nicht anders <u>wollte</u>!»

Denn auch der Wille hat ja bekanntlich seine Berechtigung.

Selbstakzeptanzpunkt

Zeigefinger klopfen

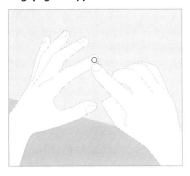

Arbeitsblatt 2: *Selbstakzeptanz bei Vorwürfen anderen gegenüber*[20]

Während Sie den Selbstakzeptanzpunkt reiben, bietet es sich an, folgenden Satz dreimal laut auszusprechen:

Beispiel: «Auch wenn ich meinem Klavierlehrer (immer noch) vorwerfe, mich im Musikunterricht gequält zu haben, liebe und akzeptiere ich mich so, wie ich bin.»

«Auch wenn ich . . . .
(immer noch) vorwerfe, ... ,
liebe und akzeptiere ich mich so, wie ich bin.»

Oder:

«Auch wenn ich . . . . (immer noch) den Vorwurf mache, ...
. . . . , liebe und akzeptiere ich mich so, wie ich bin.»

Der nächste Schritt ist etwas heikel. Der nun folgende Satz kann dann ausgesprochen werden, wenn derjenige, dem man noch einen Vorwurf macht, nicht anders als so handeln konnte. Tragen Sie den Namen der Person ein. Bitte spüren Sie genau hinein, ob die nun folgende Aussage für Sie so stimmig ist. Wenn nicht, dann folgt weiter unten eine Alternative:

«Und jetzt verzeihe ich . . . . aus ganzem Herzen, dass er/sie . . . .
. . . . , da mir jetzt klar wird, dass er/sie nicht anders konnte!»

Ein Alternativsatz wäre:

«Auch wenn . . . . nicht anders konnte, als mir dies anzutun, liebe und akzeptiere ich mich so, wie ich bin, und lasse die Verantwortung für dieses Verhalten, diese Verletzung bei ihm/ihr!»

Bitte bedenken Sie bei diesem Thema, dass wir selbst es sind, die leiden, wenn wir uns oder anderen einen Vorwurf machen.

Sollten Sie sich oder anderen weiterhin diese Vorwürfe machen wollen, darunter aber leiden, könnten Sie folgende Selbstakzeptanzübung machen:

Bei Selbstvorwürfen: «Auch wenn ich lieber weiter leide, anstatt mir zu verzeihen, liebe und akzeptiere ich mich so, wie ich bin.»

Bei Vorwürfen anderen gegenüber: «Auch wenn ich lieber weiter leide, anstatt . . . . (Name eintragen) zu verzeihen, liebe und akzeptiere ich mich so, wie ich bin.»

Das *Verharren in einer Erwartungshaltung* hat ähnliche Auswirkungen wie die Beschäftigung mit Vorwürfen: «Ich hatte erwartet, dass mein Kollege/Chef/Partner ...!», «Erst müssen/sollten die anderen ...» Mit dieser Einstellung treten Sie quasi auf der Stelle. Häufig wartet man so vergebens, einsam, allein, traurig, zornig oder verzweifelt. Auch hier helfen die Selbstakzeptanzsätze wie: *«Auch wenn mein Chef meine Erwartung niemals erfüllen wird, liebe und akzeptiere ich mich so, wie ich bin.»*

Das *innere Schrumpfen* beschreibt ein Phänomen, das besonders in kritischen und schwierigen Situationen auftritt.

Verantwortlich für diese Reaktion ist Ihr Gefühlsgedächtnis. Es sucht kontinuierlich nach vergangenen Erlebnissen, die Ähnlichkeiten mit dem aktuellen Geschehen haben (vgl. somatische Marker, S. 19). Auf diese Weise beeinflussen alte Erfahrungen die Bewältigung von neuen Situationen.

Wenn Sie in einer Auseinandersetzung plötzlich das Gefühl haben, klein und hilflos zu sein, hat Ihr emotionales Gedächtnis negative Empfindungen aus Ihrer Kindheit aktiviert. Diese sind unter den gegenwärtigen Umständen unangemessen und schränken Sie ein.

Ein Klient, den die Auseinandersetzungen an seinem Arbeitsplatz sehr belasteten, schilderte Folgendes: «Wenn ich eine Meinungsverschiedenheit mit meinem Kollegen B. habe, fühle ich mich immer wie ein Schüler, der vor seinem Lehrer steht. Ich bin dann wieder klein und machtlos und kann meine eigenen Interessen nicht adäquat vertreten.» Das innerliche Schrumpfen aktiviert bei ihm Gefühle der Minderwertigkeit und Hilflosigkeit.

Im emotionalen Selbstmanagement bearbeiten Sie in diesem Fall sowohl die alten Erinnerungen und als auch die aktuelle belastende Situation. Sie werden erleben, dass sich nun die dysfunktionalen negativen Belastungen auflösen.

Es sei denn, es liegt eine weitere Blockade vor, zum Beispiel die letzte der Big-Five-Erfolgssaboteure: die *unbewusste Loyalität*.

Es klingt vielleicht etwas befremdlich, aber es kann sein, dass alles ‹Klopfen› wenig hilft, weil Sie unbewusst der Überzeugung sind, dass es Ihnen nicht bessergehen darf als z. B. Ihnen nahestehenden Personen.

Ein Student mit Arbeitsstörungen antwortete auf meine Frage, wem gegenüber er sich loyal verhalte, wenn er in seinem Studium scheitere: «Gegenüber meinem Vater, er musste sein Studium nach der Hälfte abbrechen und leidet heute noch darunter. Momentan kann ich mir nicht vorstellen, besser zu sein als er.» Mit der Affirmation *«Auch wenn ich meinem Vater gegenüber illoyal bin, wenn ich im Studium erfolgreich bin, liebe und akzeptiere ich mich ...»*

Nach dieser Erkenntnis sank der Stress in den Übungen, und das Studieren machte ihm zum ersten Mal Spaß.

Bezogen auf das jeweilige aktuelle Problem sollte immer Ihr eigenes Wohlergehen im Vordergrund stehen. Das ist keine Illoyalität im eigentlichen Sinn, sondern Selbstfürsorge und Stressbewältigung. Gelingt es Ihnen, Ihre persönlichen Saboteure möglichst genau zu benennen und sich trotzdem zu lieben und zu akzeptieren, lösen sich mit dem Klopfen die negativen Gefühle und Belastungen auf.

Anschließend empfiehlt es sich, aktiv Ihr Selbstwertgefühl zu steigern. Wie das möglich ist, lesen Sie im Anschluss an dieses Kapitel.

Übrigens: Glauben Sie, dass ein erfolgreicher Steinzeitjäger sich vorgeworfen hat, zu lange hinter einem leckeren Essen hergelaufen zu sein? Im Gegenteil – er war glücklich, seine Beute erfolgreich erlegt zu haben, und genoss sie! Anschließend machte er sich vielleicht zufrieden oder angespornt vom Erfolg Gedanken darüber, wie er beim nächsten Mal geschickter vorgehen könnte.

Diejenigen, die damit beschäftigt waren, sich selbst bzw. ihren Stammesgenossen Vorwürfe zu machen, dass sie nicht geschickt genug gewesen seien, lag der Braten schwer im Magen. Bei der nächsten Jagd gingen sie leer aus.

Selbstwertgefühl steigern: Werbeclaims und Imagination

Ihre negativen belastenden Gefühle und Gedanken haben Sie nun erfolgreich behandelt, der damit zusammenhängende Stress ist gewichen. Sie haben nun Platz und Energien für Neues. Im folgenden Abschnitt möchte ich Ihnen Übungen zeigen, mit denen Sie Ihr Selbstwertgefühl steigern. Kontrolle, Zuversicht und Selbstvertrauen finden so zusätzliche Stärkung. So ist es einfacher, neue Wege zu gehen.

Um gestärkt und mit positiver Einstellung in schwierige Situationen zu gehen, benötigen Sie Energie, Zuversicht und Selbstvertrauen. Wie negative Gedanken und Selbstüberzeugungen Sie dabei sabotieren können, ist hinreichend deutlich geworden.

Was in die eine Richtung wirkt, wirkt aber auch in die andere Richtung: Positive Gedanken und positive Glaubenssätze, sog. positive Affirmationen, wirken konstruktiv auf Motivation und Lebensfreude. Bilder bzw. Vorstellungen von angestrebten Wünschen und Zielen regen die individuelle Kreativität und Flexibilität an.

Mit Vorstellungen und Suggestionen können sowohl positive als auch negative Reaktionen ausgelöst werden. Die Werbe- und Filmindustrie lebt davon. Wie kann das funktionieren?

Das vegetative Nervensystem kann nicht unterscheiden, ob etwas tatsächlich passiert oder ob es sich nur im Kopf abspielt. Stellen Sie sich einmal vor, Sie haben just in diesem Moment eine saftiges Stück Zitrone in der Hand. Dieses führen Sie zu Ihrem Mund und beißen in Ihrer Vorstellung ganz kräftig hinein …

Oder – Sie befinden sich in einer Schulklasse, und jemand kratzt mit den Fingernägeln quer über die schwarze Schiefertafel …

Während sich im ersten Beispiel im Mund alles zusammenzieht, läuft im zweiten Beispiel ein Schauer durch den Körper.

Ist es nicht beeindruckend, wie durch bloße Vorstellung Körperreaktionen ausgelöst werden können? Jeder Einzelne nutzt dieses Phänomen im Alltag mehr oder weniger, um sich selbst zu stimulieren oder andere zu beeinflussen.

Die Werbeclaim-Technik und die Technik der Zielbildimagination sind zwei Strategien, die positiven Nutzen aus unserer Suggestibilität ziehen. Zur Steigerung des Selbstwertgefühls und der Motivation sind sie genial.

Gedankenspiel:

Stellen Sie sich vor, Sie sitzen vor einem großen Teller Suppe, der ausgelöffelt werden muss. Sie mögen keine Suppe, und schon der Anblick löst bei Ihnen Widerstand und Abwehr aus. Sie entscheiden letztendlich allein, ob Sie und wie Sie die Suppe auslöffeln oder nicht.

Stellen Sie sich zunächst vor, wie Sie sich mit allen Kräften dagegen wehren und trotzdem gezwungenermaßen den Teller leeren.

Im zweiten Gedankenspiel denken Sie kurz über Ihre Situation nach und entscheiden dann, die Suppe in Ihrem Tempo, mit Ihrem Löffel, in Ihrer speziellen Art und Weise auszulöffeln, und versuchen so, die Bedingungen des Essens für Sie angenehm zu gestalten.

Nehmen Sie nun unterstützend die Werbeclaim-Technik hinzu: Überlegen Sie sich einen konstruktiven Satz, der Ihnen Zuversicht und Energie gibt, den Teller schnell zu leeren: «Wenn einer das schafft, dann ich!» Oder: «Ich bin ein Held!» Probieren Sie es ruhig einmal aus!

Werbeclaim-Technik

In dem Moment, in dem aktiv positive Gedanken in der Wahrnehmung ‹verankert› werden, haben negative Gedanken keine Chance mehr. Ihre gesamte Wahrnehmung, Ihr gesamtes Erleben verändert sich zum Positiven.

Eine Affirmation wird grundsätzlich kurz und positiv formuliert. Ihre Wirkung ist umso größer, je stimmiger, je genauer sie mit Ihren Wünschen übereinstimmt. Sie können sich zunächst an der Werbebranche orientieren. Hier sind kurze eingängige Werbesätze üblich. Knapp formuliert und das Wesentliche bildhaft auf den Punkt gebracht, heißt die Devise:

‹Nichts ist unmöglich›, ‹Ich will so bleiben, wie ich bin›, ‹Auf diese Steine können Sie bauen› usw.

Vermutlich begegnen Ihnen im Alltag ständig Parolen, ohne dass Sie sie beachten. Kurz, prägnant und knapp wird die jeweilige Botschaft zum Ausdruck gebracht: «Einer für alle, alle für einen!», «Nichts schmeißt uns um!», «Gemeinsam sind wir stark!», «Ich bin ein Fels in der Brandung!»

Die Werbeclaim-Übung[21]

Vergegenwärtigen Sie sich die Situation, das Vorhaben, Ihr Thema, das Sie positiv verändern bzw. beeinflussen wollen.

Suchen Sie einen Satz, einen Slogan, der mit Ihnen und Ihrem Ziel stimmig ist. Er sollte die gewünschte Einstellung oder die gewünschte Eigenschaft enthalten und als Ich-Aussage formuliert sein:

«Ich schaff das», «Ich bin kompetent und weise», «Ich bleibe standhaft». Diese Affirmation ist Ihr persönlicher Werbeslogan, den Sie nun mit der Werbeclaim-Übung in Ihrem Bewusstsein verankern.

Ihr Werbeclaim findet auf unterschiedliche Weise Eingang in Ihr Gehirn. Sie sollten sie acht Wochen (!) lang zweimal täglich (!)

* laut aussprechen und die vier Aktivierungspunkte (s. Abbildung auf S. 87) klopfen,
* sich im Spiegel anschauen und dabei laut aussprechen,
* anderen Menschen gegenüber (also vor Zeugen) laut aussprechen, entweder isoliert ganz bewusst oder die Sätze im Alltag einfach in einem Gespräch einfließen lassen,
* immer wieder aufschreiben,
* als Satzergänzung aufschreiben, z. B.: «Ab jetzt glaube ich an mich, weil ...!» (dabei rufen Sie durch das «weil» quasi in sich hinein und bekommen von Ihrem Unbewussten positive Antworten, die die neuen guten Selbstwerbeclaims aktivieren und unterstützen),
* aufschreiben und sichtbar aufhängen, z. B. auch als Bildschirmschoner,
* auf andere Art und Weise die positiven selbstbezüglichen Werbeclaims aktivieren.

Die Aktivierungspunkte

Die vier Aktivierungspunkte werden genutzt, um positive Affirmationen und selbstwertstärkende Glaubenssätze zu verankern. Sie liegen auf den

Aktivierungspunkte

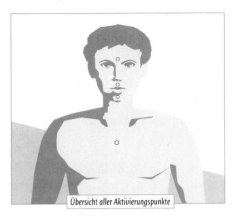

Übersicht aller Aktivierungspunkte

Zielbildimagination

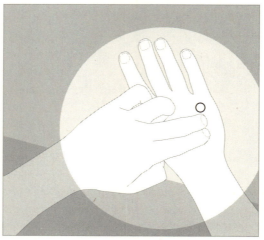

beiden Hauptenergiebahnen des Menschen, die auch als *Wundermeridiane* bezeichnet worden sind:

- Der obere Punkt, auf der Stirn, wird auch ‹Drittes Auge› genannt und ist zuständig für die Integration von Verstand und Gefühl.
- Der Punkt unter der Nase stärkt das Alltagsbewusstsein.
- Der Punkt unter der Unterlippe ist dafür bekannt, dass er «vertrocknetes» Denken und stagnierende Gedanken wieder verflüssigt, sodass das Denken wieder klar werden kann.
- Der Punkt auf dem oberen Drittel des Brustbeins liegt direkt über der Thymusdrüse, einem Organ, das als eine Art Hauptpunkt oder Hauptschalter für das Energieniveau des Menschen beschrieben ist.[22]

Positive Imagination – Drehen eines inneren Filmes

Handlungen und Verhaltensabläufe werden automatisch unbewusst gedanklich begleitet. In jeder Sekunde finden im menschlichen Organismus unzählige Entscheidungsprozesse statt. Fähigkeiten, Möglichkeiten, Vorbehalte usw. werden den Anforderungen und Risiken einer Handlung gegenübergestellt.

Das gesamte Gefühlsleben, Erwartungen, Wertungen, Motive und Bedürfnisse wirken ineinander und miteinander und bestimmen Ihren Blick auf eine zukünftige Handlung: die bevorstehende Auseinandersetzung mit Kollegen, die Präsentation des Projektes, der sinnlose Auftrag des Chefs ...

Nachdem Sie nun Ihre damit zusammenhängenden negativen Gefühle und sabotierenden Gedanken erfolgreich bearbeitet haben, stellen Sie sich nun vor, wie die jeweilige Situation nach Ihren Wünschen ablaufen soll: Drehen Sie einen inneren Film, spielen Sie die betreffende Situation so durch, wie Sie es sich wünschen. Sie führen gelassen das Gespräch mit den Kollegen; Sie präsentieren souverän und kompetent das Projekt; Sie erledigen konzentriert und schnell den sinnlosen Auftrag. Wie ein Eiskunstläufer, der vorher Pflicht- und Kürlauf in seinen Gedanken durchläuft, sich jede Kurve, jeden Sprung genauestens vor sein inneres Auge führt, können Sie sich auf Ihre nächste Herausforderung vorbereiten.

Die Verankerung angenehmer, konstruktiver Visualisierungen nimmt unangenehmen Suggestionen die Kraft, stärkt die Selbstsicherheit und erhöht den persönlichen Erfolg. Zudem schärfen konkrete Vorstellungen und Träume die Wahrnehmung. Ihre Aufmerksamkeit richtet sich so unbewusst auf Signale in Ihrer Umgebung, die deren Umsetzung fördern.[23]

Imaginationsübung

Während Ihre gewünschte Vorstellung möglichst realistisch vor Ihrem inneren Auge abläuft, schauen Sie mit den Augen ca. 45 Grad nach oben und klopfen gleichzeitig den Integrationspunkt auf dem Handrücken. Stellen Sie sich dabei ganz konkret vor, wie Sie z. B. eine Rede halten: Das heißt, Sie begeben sich in Gedanken an das Rednerpult, stehen dort, kompetent, selbstsicher und souverän, lassen Ihren Blick über die Zuhörerschaft gleiten und halten Ihre Rede/Ihren Vortrag so wie Sie es gern möchten, enthusiastisch, gelassen, fesselnd ... Spielen Sie dabei auch durch, wie Sie mit Fehlern und Pannen auf eine kreative, intelligente, humorvolle und für Sie stimmige Art und Weise umgehen. Fehler und Pannen kann es immer geben. Mit dieser Übung können Sie sich darauf vorbereiten.

Integrationspunkt

Der Handrückenpunkt ist ein Integrationspunkt, der verschiedene energetische Bereiche verbindet und der auch für kreative Gestaltung und optimale Zielvisionen in der Zukunft hilfreich ist. Deshalb nutzen wir diesen Punkt, um die *gewünschten Ziele zu imaginieren* und sie für unsere Wahrnehmung lebendiger, energiegeladener und somit erreichbarer werden zu lassen.[24]

Mehr Selbstbestimmung

Die besten Jahre Ihres Lebens sind die, in denen Sie entscheiden, dass Ihre Probleme Ihre eigenen sind. Sie machen nicht Ihre Mutter, die Umwelt oder die Politiker verantwortlich. Sie stellen fest, dass Sie Ihr Leben selbst bestimmen.
Albert Ellis

Im ersten Teil dieses Buches haben wir uns ausführlich mit den Auswirkungen und Bedingungsgefügen von Arbeitsunlust und Motivationsschwierigkeiten beschäftigt. Mit dem emotionalen Selbstmanagement der Energetischen Psychologie haben Sie nun eine umfangreiche Methode zur Verfügung, mit der Sie Stress und Alltagsbelastungen konstruktiv begegnen können.

Damit haben Sie sich in den Übungen bereits aktiv und selbstbestimmt auf die Belastungen unangenehmer Erlebnisse konzentriert, diese verändert und neue Aspekte bezüglich der Themen integriert.

Der erste Schritt auf dem Weg zur Selbstmotivation ist die Selbstannahme. Auch wenn Ihr Leben noch nicht in den Bahnen läuft, die Sie sich wünschen, dürfen Sie sich lieben, akzeptieren und wertschätzen, so wie Sie sind. Ihre Fähigkeiten, Talente, Erfahrungen, Neigungen, Interessen und Besonderheiten machen Sie zu einem besonderen Menschen, der Achtung und Wertschätzung verdient.

Wenn Sie sich nun auf den Weg der Selbstmotivation begeben, möchte ich Sie bitten, wieder die bifokale Brille aufzusetzen. Wann immer Ihnen negative dysfunktionale Gefühle, dysfunktionale Kognitionen, Glaubenssätze, Selbstvorwürfe und Selbstsabotagemuster begegnen, räumen Sie sie umgehend mit der Selbstakzeptanzübung und dem Klopfen der Meridianpunkte aus dem Weg. Damit beginnen Sie, nicht nur das Ruder in Ihrem Leben zu übernehmen, sondern auch die Verantwortung für Ihr Tun. Bewusstes selbstverantwortliches Handeln stärkt das Selbstbewusstsein. Damit sind wir beim nächsten Schritt.

Selbstbewusstsein – Der Weg zu neuer Kraft!

Das Selbstbewusstsein, Ihr Selbstwertgefühl, beeinflusst maßgeblich die Sicherheit, mit der Sie durch Ihr Leben gehen. Das Vertrauen in eigene Stärken und Fähigkeiten ist eine wichtige Voraussetzung, um in kritischen Situationen den Überblick zu behalten. In schwierigen Lebensphasen leidet das Selbstvertrauen schnell, und Sie tun gut daran, es genau dann immer wieder zu stärken.

Das Selbstwertgefühl wächst langsam und stetig. Im Wechselspiel mit seinen Bezugspersonen, Mutter, Vater etc., lernt bereits ein Kind, was Hilflosigkeit, Selbstwirksamkeit und Kontrolle bedeuten. Erfolg und Misserfolg, Lob und Tadel prägen dabei genauso wie Über- bzw. Unterforderung.

Ein gesundes Selbstbewusstsein entwickelt sich aus dem gelungenen Zusammenspiel von Fähigkeiten und Anforderungen. Haben Sie momentan wenig Vertrauen in sich und Ihre Fähigkeiten, ist es Zeit, dies zu ändern.

Misstrauen, das Sie sich selbst entgegenbringen, begegnet Ihnen in Sabotagegedanken und Selbstüberzeugungen wieder. Diese unterwandern und sabotieren Ihr Selbstbewusstsein. Sammeln Sie derartige Aussagen und verändern Sie sie mit Hilfe der Selbstakzeptanzübung und selbstwertsteigernden Werbeclaims. Beispiele finden Sie in der nachstehenden Tabelle.

Selbstwertsaboteure	Selbstakzeptanzsatz Auch wenn ich glaube, ..., liebe und akzeptiere ich mich so, wie ich bin.	Selbstwertsteigernde Werbeclaims
Für neue Sachen bin ich zu alt.	..., dass ich für neue Sachen zu alt bin, ...	Qualität statt Quantität! In der Weisheit liegt die Kraft!

Der Arbeitsmarkt ist sowieso dicht.	..., dass ich keine Chance auf dem Arbeitsmarkt habe, ...	Ich finde meinen Platz! Ich gehe meinen Weg!
Alle werden über mich lachen.	..., dass alle über mich lachen werden, ...	Ich bin mir meiner Sache sicher! Die anderen sind mir egal!
So gut wie die anderen bin ich nicht.	..., dass ich nicht so gut bin wie die anderen, ...	Ich bin gut genug!

Sammeln Sie Ihre eigenen Ideen!

Während der Selbstakzeptanzübung werden Ihnen Dinge einfallen, die Ihnen besonders gut gelungen sind oder deren Nichtgelingen auch gute Seiten hatte. Diese Einfälle schieben Sie bitte nicht zur Seite, sondern schreiben Sie sie auf bzw. behalten Sie sie in Ihrem Bewusstsein. Hier zeigt sich Ihre Fähigkeit, Dinge/Situationen/Ereignisse zu relativieren und angemessen zu bewerten. Eine wertvolle Eigenschaft, die vielleicht in der letzten Zeit etwas zu kurz gekommen ist.

Perspektivwechsel – Das Glas ist halbvoll

Die Kunst, sich auf alles Negative zu fokussieren, haben viele, die unzufrieden, unsicher, ängstlich oder wütend durchs Leben gehen, bis zur Virtuosität ausgebildet. Fragen Sie einen eher unausgeglichenen Menschen nach seinem Tag, wird er Ihnen eher unangenehme Ereignisse berichten. Die Selbstüberzeugung ‹Was soll es da schon helfen, sich das halbleere Glas nun auch noch halbvoll zu reden?› ist für ihn eine durchaus schlüssige Konsequenz.

Aber: Als selbstbestimmter Mensch darf jeder selbst entscheiden, was er aus den Alltagserfahrungen hervorhebt. Jeder entscheidet selbst, wie Ereignisse und Begegnungen zu bewerten sind, und nimmt damit auch Einfluss auf seine Empfindungen.

Wenn Sie Lust auf Veränderung haben und neugierig sind, probieren Sie die beiden folgenden einfachen, aber sehr hilfreichen Übungen aus. Falls der Gedanke ‹Was soll es da schon helfen ...?› Sie am Weitermachen hindert, behandeln Sie diesen und ähnliche abwehrende Überlegungen zuerst mit der Selbstakzeptanzübung.

Übung 1:
Schreiben Sie jeden Abend drei Dinge des Tages auf, die positiv waren.

Sie können sie einfach in Ihrem Kalender vermerken oder ein kleines Heft dafür benutzen. Auf diese Weise haben Sie die Möglichkeit, später immer mal wieder nachzulesen, was Ihnen Angenehmes widerfahren ist.

Dabei ist es absolut unerheblich, ob es etwas ganz Kleines oder etwas Großes ist. Es kann die Blume am Wegrand sein, über die Sie sich gefreut haben, eine nette Begegnung, das Wiederfinden von etwas seit langem Verlorenen oder die Sonne, die Sie gewärmt hat. Oder natürlich etwas, das Sie besonders gut gemacht haben, oder die Beobachtung, dass Sie sich heute, so wie Sie sind, akzeptiert haben. Es lohnt sich, sich nicht nur an das zu erinnern, was schiefgelaufen ist.

Unangenehme Erinnerungen haben die Angewohnheit, unnachgiebig und hart im Bewusstsein präsent zu sein bzw. unnachgiebig ins Bewusstsein zu treten, wenn ähnliche Situationen im Alltag auftauchen. Selbstzweifel und Selbstvorwürfe sind dabei von besonders langlebiger Natur. Diese entgehen dem kritischen Geist oftmals bzw. werden als selbstverständlich und ‹normal› zur Kenntnis genommen. Werden Sie sensibel für Ihre Selbstwertsaboteure, die Ihren inneren Schweinehund füttern und so auch Veränderungen verhindern. Der erste Schritt zum Erfolg ist die Würdigung dessen, was Ihnen gelingt und Ihnen angenehm begegnet.

In der zweiten Übung geht es darum, einen Blick nach vorn zu tun. Stellen Sie sich vor, Frust und Antriebsschwierigkeiten spielen keine Rolle mehr in Ihrem Alltag. Vielleicht erinnern Sie sich auch an vergangene Zeiten, in denen Sie sich anders erlebt haben. Welcher Mensch waren Sie bzw. sind Sie dann? Was haben Sie oder Ihre Umgebung von Ihnen dann zu erwarten oder vielleicht sogar zu befürchten?

Übung 2:
Welche positiven Seiten haben Ihre derzeitige Unzufriedenheit und Ihre Motivationsschwierigkeiten für Ihr Leben?

Schreiben Sie bitte einmal auf, was Sie tun müssten, wenn Sie sich momentan nicht über Ihre Arbeit, die Kollegen, die Vorgesetzten ärgern würden. Wovon hält Sie Ihr Ärger ab?

Herr M., 52 Jahre, Angestellter im öffentlichen Dienst, war so wütend und verärgert über eine junge Kollegin, dass er nur noch mit großen Schwierigkeiten seiner Arbeit nachgehen konnte. Jede ihrer Äußerungen legte er auf die Goldwaage, witterte Angriff und Verrat. Die Schwierigkeiten waren langsam und durch eine Vielzahl kleiner Ereignisse entstanden. Der Mann erkannte sich mittlerweile in seinen Reaktionen kaum noch wieder. Er hatte das Gefühl, sich laufend zurückhalten zu müssen, um dieser Frau nicht an den Kragen zu gehen. Diese Belastung hatte mittlerweile Auswirkungen auf die gesamte Arbeitssituation. Er war gereizt, unzufrieden und schnell erschöpft.
Im ersten Kontakt mit mir brachen Wut und Ärger aus ihm heraus. Die Überkreuzübung und das Klopfen der Akupunkturpunkte beruhigten ihn, und es gelang ihm, mit etwas Abstand über das kollegiale Verhältnis zu berichten.
Er erwähnte, dass er die Frau eigentlich bewundere und gar nicht verstehen könnte, warum er ihr mit derartigem Misstrauen begegne. Sie fülle ihren Job gut aus und werde demnächst an einer firmeninternen Weiterbildung teilnehmen. Es gäbe zwar immer wieder kleinere Missverständnisse, die lägen aber eigentlich im Rahmen. Bei anderen Kollegen würde er zum Teil darüber hinwegsehen oder um ein klärendes Gespräch bitten.

Mit ihr gelänge ihm dies nicht. In einem Nebensatz erwähnte er, dass er eigentlich mit ihr zusammen an der Weiterbildung hatte teilnehmen sollen, dass er aber dankend abgelehnt habe. Auf meine Nachfrage erklärte er, für ihn, in seinem Alter, käme eine Weiterbildung nicht mehr in Frage. Vor einigen Jahren wäre er begeistert mitgegangen ...

Auf die Frage, was er tun müsste, wenn er sich nicht mit dem Ärger auf die junge Kollegin konzentrieren würde, äußerte er nach einigem Nachdenken: ‹Ich müsste mich mit meinem Alter und meinen ungenutzten Chancen in meinem Leben auseinandersetzen ...!›

Herr M. fokussierte sich zunächst beim Klopfen auf seinen Ärger und seine Wut, und seine Einstellung zu seiner Kollegin veränderte sich positiv. Er wurde nun zunehmend wütend auf sich selbst. Als seine Frau und später seine Kinder in sein Leben kamen, hatte er seine Weiterbildung immer wieder zurückgestellt. Finanzielle und zeitliche Gründe hatten es ihm leichtgemacht, seine eigenen Interessen zurückzustecken. Seine Kinder waren nun erwachsen. Für Herrn M. war eine schwierige Situation entstanden. Zum einen füllte ihn sein Beruf nicht mehr aus, zum anderen fühlte er sich zu alt, um noch neue Wege zu beschreiten.

Er nutzte die Klopfübungen weiter, um mit sich in die Balance zu kommen, und fokussierte sich mehr und mehr auf das, was er sich eigentlich einmal für sein Leben gewünscht hatte.

Meine Wünsche und Bedürfnisse

ich sitze am straßenhang
der fahrer wechselt das rad
ich bin nicht gern, wo ich herkomme
ich bin nicht gern, wo ich hinfahre
warum sehe ich den radwechsel mit ungeduld?
Bertolt Brecht

Wenn Sie bis hierher alle Ideen und Gedanken verfolgt und die Übungen ausprobiert haben, sind Sie auf dem besten Weg zu mehr Motivation und Arbeitsfreude. Vielleicht drehen Sie sich aber immer noch ein wenig im Kreis. Um dies zu verändern, bietet es sich an, sich mit den eigenen Wünschen und Träumen auseinanderzusetzen. Wünsche und Träume sind individuelle, motivationale Antriebskräfte, die jedem Menschen innewohnen und die unweigerlich zu Spannungszuständen und Unbehagen führen, wenn sie längere Zeit übergangen werden bzw. unbeachtet bleiben. Sie beinhalten in der Regel das, was uns wichtig und wertvoll ist, und bringen damit auch unsere wichtigsten Bedürfnisse zum Ausdruck. In unseren Wünschen und Träumen spiegeln sich auch unsere Werte und Einstellungen wider. Diese umfassen individuell geschaffene oder übernommene Normen, an denen sich unser Denken und Handeln orientieren.

Motiviert und engagiert sind die Menschen, die in der Lage sind, ihr Leben nach ihren Bedürfnissen auszurichten. Ihre Wünsche und Träume finden sich in mehr oder weniger klaren Zielen in ihrem Alltag wieder. Das bewusste Formulieren von Wünschen und daraus entwickelten Zielen erfordert Selbstverantwortung, Selbstbestimmung und Selbstfürsorglichkeit. Der Mensch stellt sich damit ins Zentrum seiner Wahrnehmung, nimmt sich selbst, seine Motive und Bedürfnisse ernst und sorgt so für psychische und physische Gesundheit.

Übung

Machen Sie es sich für eine Stunde mit Ihrem Lieblingsgetränk und einer Gaumen-
freude bequem.

Nehmen Sie sich Papier und Stifte zur Hand, und los geht's:

* Listen Sie zunächst Ihre Wünsche und Träume auf. Was zeichnet Ihren
  Traumjob, Ihre ideale Beschäftigung aus?
* Zeichnen Sie sich selbst in die Mitte eines Blattes und skizzieren Sie drum
  herum Ihre Wünsche und Bedürfnisse. Achten Sie dabei auf Aspekte wie Selbst-
  wirksamkeit, soziales Eingebundensein, Wohlbefinden, Anerkennung und
  Wertschätzung, Möglichkeiten der beruflichen und persönlichen Entfaltung.
* Die Bedürfnisse und Wünsche, die nach Ihrem Empfinden ausreichend erfüllt
  sind, kennzeichnen Sie mit Ihrer Lieblingsfarbe.
* Diejenigen Bedürfnisse und Wünsche, die zu kurz kommen oder gar keinen
  Raum finden, mit einer anderen Farbe.

Beispiele für Wünsche und Bedürfnisse fallen Ihnen sicherlich sofort ein.
Hier sind einige aufgelistet:

Wünsche:
Ein eigenes Haus, ein großer Garten, Fernreisen, großes Auto, viel Geld,
ein Chefposten, der Nobelpreis, Bundespräsident werden ...

Bedürfnisse:
Respekt und Achtung von den Kollegen, mehr/weniger Verantwortung,
gute Bezahlung, Anerkennung vom Chef, neue Herausforderungen, Zeit
für Familie und Freizeit, freies Arbeiten, Autonomie, interessante Aufgaben, kontinuierliche Rückmeldungen, Erfolg, Entscheidungsfreiheit,
mehr Selbstsicherheit.

Jeder Mensch hat, in Abhängigkeit von seinen Bedürfnissen, ganz eigene Prioritäten bezüglich seiner Wünsche und Werte. Ein promovier-
ter Naturwissenschaftler z. B. bekam immer wieder neue, interessante

98

und lukrative Jobangebote. Er lehnte sie nach intensiven Überlegungen immer wieder ab. In seiner persönlichen Prioritäten- und Bedürfnisliste standen Freiheit und Unabhängigkeit an erster Stelle. Beruf und finanzielle Sicherheit verloren für ihn sofort an Bedeutung, wenn damit Einschränkungen für diese Bedürfnisse verbunden waren. Er nahm dafür gern zeitweise existenzbedrohende finanzielle Engpässe in Kauf.

Derartige Entscheidungen sind für Menschen, deren wichtigster Wert die finanzielle Unabhängigkeit ist, oftmals nur schwer nachzuvollziehen. Diese sind dafür in der Lage, ungünstigste Arbeitsbedingungen zu ertragen, weil sie wissen, dass sie nur so ihren Lebensstandard finanzieren können. Ihre Bedürfnisse, die im Job nicht befriedigt werden können, leben sie stattdessen im Freizeitbereich aus.

Andere haben große Schwierigkeiten, sich in einer Hierarchie einzuordnen. So verlassen Menschen nicht selten ihren gutbezahlten Arbeitsplatz, um unabhängig und selbstbestimmt arbeiten zu können.

Im Gegensatz dazu sind Ihnen sicher schon Menschen begegnet, die alles für ihren Job aufgeben. Es werden weite Entfernungen für einen bestimmten Arbeitsplatz zurückgelegt oder lange Trennungsphasen von Familie und Freundeskreis in Kauf genommen. Dabei sind nicht immer existenzielle Gründe im Vordergrund. Häufig ist es die Freude am Job einerseits und andererseits das Bedürfnis, in der altvertrauten Umgebung wohnen zu bleiben.

Die Lebensmodelle sind so bunt und vielfältig wie unsere Umwelt. Ausschlaggebend für Lebensfreude und Tatendrang ist die individuelle Ausgewogenheit der Grundbedürfnisse nach Selbstwirksamkeit und Handlungsfähigkeit, nach positiver Belohnung, nach Schutz und Sicherheit und nach Kompetenz und Selbstachtung in allen Lebensbereichen.

Achtung: Sollten Ihnen in diesem Moment Gedanken durch den Kopf gehen wie ‹Was soll das denn?›, ‹Wünsche sind Träume, und Träume sind Schäume› o. Ä., blättern Sie zur Selbstakzeptanzübung (S. 37).

Genauso unangebracht sind die Gedanken wie ‹Was hilft Wünschen, Wünsche gehen ja sowieso nicht in Erfüllung› oder ‹Werte werden heute als Erstes über Bord geworfen!› ...

Mit derartigen Gedanken nehmen Sie sich von vornherein jegliche Chance auf Veränderung. Jeder Mensch hat Ideen, Gedanken und Vorstellungen, die über seine reale Umgebung hinausgehen. Sie können einwenden, ich bin Realist und gebe mich nicht dem Träumen hin. Selbst der größte Pragmatiker hat Ideen, die er gern umsetzen möchte. Es sei denn, er hat die Erfahrung gemacht, dass ihm dies nicht gelingt, oder er ist ein Meister im Abwerten von Erfolgen. Damit blockiert er sich selbst und sollte sofort zur Selbstakzeptanzübung gehen.

Reiben Sie Ihren Selbstakzeptanzpunkt und formulieren Sie einschießende Gedanken, die mit negativen Aspekten alles in Frage stellen wollen, die kleinen, zwickenden Teufelchen, die inneren Schweinehunde, die Sabotagemeister:

«Auch wenn ich befürchte, dass meine Träume niemals in Erfüllung gehen werden, liebe und akzeptiere ich mich so, wie ich bin.»

«Auch wenn ich glaube, dass Wünsche heute nicht mehr zählen, liebe und akzeptiere ich mich so, wie ich bin.»

Veränderung – So geht's!

Menschen sind nicht faul, ihnen fehlen lediglich kraftvolle, anspornenden Ziele, die ihre Inspiration und Begeisterung wecken.
Anthony Robbins

Überlegen Sie im nächsten Schritt, wie Sie Ihre Wünsche und Träume in Ihrem Leben umsetzen können. Sie werden bemerken, dass ein hohes Ziel letztendlich gar nicht so wichtig ist, sondern Ideen im Vordergrund stehen, die am Ende dorthin führen könnten, wie z. B. die Freiheit, uneingeschränkt forschen zu dürfen. Das Erreichen eines bestimmten Zieles ist nicht nur von dem Einzelnen abhängig, sondern auch von vielen äußeren Variablen, die häufig nicht beeinflussbar sind. Ausschlaggebend ist vielmehr das unbeirrte, beständige, zielstrebige Verfolgen eines persönlich wichtigen Vorhabens.

Wenn Sie Menschen, die mit ihrer Arbeit zufrieden sind, befragen, berichten diese häufig von interessanten und erstaunlichen beruflichen Werdegängen. Am Anfang standen Ideen, Träume und Wünsche, die offenbar den Einzelnen immer wieder zur richtigen Zeit an den richtigen Ort brachten. Wie anders ist es zu erklären, dass jemand ohne abgeschlossene Berufsausbildung ein geachteter Politiker wird? (Jeder Fachberater im Arbeitsamt dürfte mit dem Kopf schütteln, wenn ein Schulabbrecher mit solchen Wünschen zu ihm käme.)

Natürlich gehören bestimmte Fähigkeiten und Kompetenzen zu einer derartigen Karriere. Voraussetzung, diese konstruktiv einsetzen zu können, sind Selbstbewusstsein und die Fähigkeit, den eigenen Bedürfnissen zu folgen: «Wo ein Wille ist, ist auch ein Weg!» (Werbeclaim-Technik).

Der Schritt zur Handlung ist dann häufig nur noch durch emotionale Blockaden beeinflusst, die Sie wunderbar mit dem emotionalen Selbstmanagement bearbeiten können.

Die Frage, die dringender sein dürfte, lautet, wo und wie Veränderung möglich ist. Jede Veränderung bringt Unruhe in ein System, in positiver wie auch in negativer Richtung. Das Bedürfnis, Unangenehmem aus dem Weg zu gehen, steuert daher intensiv jeder Veränderung entgegen, solange die Arbeitssituation gerade noch irgendwie erträglich ist bzw. das Neue ungewisser erscheint als das Alte. Frei nach dem Motto ‹Lieber der Spatz in der Hand als die Taube auf dem Dach›.

Ob eine Veränderung möglich ist, hängt auch von äußeren Bedingungen und Gegebenheiten ab. In erster Linie bestimmen aber, neben den individuellen Fähigkeiten, Ihre persönlichen Einstellungen und Ihre Willenskraft, ob Sie neue Wege betreten.

Sie kennen Aussagen wie ‹Der Krug geht zum Brunnen, bis er bricht› oder ‹Ich warte, bis das Maß voll ist›. Sie dürfen nun selbstbestimmt und selbstverantwortlich entscheiden, wie lange Sie sich mit dem Krug oder dem immer weiter steigenden Ärgerpegel beschäftigen wollen oder ob Sie nun die Entscheidung treffen, dem Ganzen ein Ende zu setzen.

Wenn Sie unsicher sind, was Sie momentan tun sollen, machen Sie einfach mal diese Übung.

Übung

Malen Sie sich bitte Folgendes ganz intensiv aus:

* Was bedeutet es für Sie und Ihr Leben, wenn Sie weiter in Ihrem Arbeitsfrust und Ihrer Demotiviertheit verharren?
* Was bedeutet es, heute etwas daran zu verändern, welchen Gewinn bringt eine Veränderung, welche unangenehmen Seiten sind damit verbunden?

Die unangenehmen Aspekte können Sie umgehend mit den Klopfübungen bearbeiten.

Das Geheimnis der Veränderung liegt darin, mit den kleinen Dingen zu beginnen. Die Imaginationsübung und die Werbeclaim-Technik stehen Ihnen hierbei hilfreich zur Seite. Ihre Selbstfürsorglichkeit hilft Ihnen bei Ihrer Entscheidung, wo bzw. mit was Sie anfangen werden. Fangen Sie mit einer kleinen Veränderung an, die Sie gegebenenfalls langsam steigern können. Schon nach kurzer Zeit werden Sie erleben, dass ein kleiner Schubs einen ganzen Berg zum Einstürzen bringen kann.

Herr M. hatte zu Beginn seiner Berufstätigkeit viele Ideen und Wünsche. Er hätte sich gern betriebsintern weitergebildet und hat eine Zeitlang sogar mit einem Studium geliebäugelt.

Er setzte sich mit seinen derzeitigen beruflichen und persönlichen Wünschen und Bedürfnissen auseinander und ließ dabei sein Alter außer Acht.

Herr M. entwickelte Pläne, die sowohl seine beruflichen Wünsche als auch seine sonstigen Lebensumstände berücksichtigten.

Entlastet von unangemessenen Selbstzweifeln und Selbstvorwürfen, nutzte er nun die Werbeclaims zur Steigerung seiner Zuversicht, die neuen Ideen anzupacken und umzusetzen.

Die Zielbild-Imaginationsübung half ihm, sich auf neue Situationen vorzubereiten, und stärkte so sein Selbstbewusstsein. Sein Leben veränderte sich langsam, aber stetig zu seiner Zufriedenheit.

Veränderungen von alteingespielten Gewohnheiten sind sehr schwer und haben nichts mit Ihren individuellen Fähigkeiten und Kompetenzen zu tun. Jahrzehntelang sind Sie vorwärts die Treppe hinaufgegangen, nun sollen Sie es rückwärts tun. (Vielleicht probieren Sie dies einmal aus.)

Am Anfang wird es immer wieder passieren, dass Sie die ersten Stufen vorwärts laufen und erst nach einem kurzen Innehalten ‹richtig› weitergehen. Überfordern Sie sich daher am Anfang nicht und würdigen Sie regelmäßig Ihren Erfolg. Rückschläge sollten Sie beklopfen und mit der Selbstakzeptanzübung bearbeiten.

Es ist hilfreich, neue Verhaltensweisen einem Rhythmus zu unterwerfen und diese damit in Ihre alltägliche Routine einzubauen. Beispielsweise könnten Sie sich angewöhnen, den zeitfressenden Computer nur zeitbegrenzt anzuschalten oder Mails nicht fortwährend zu bearbeiten, sondern nur zu bestimmten Zeiten. Schon kleine Abänderungen im Tagesablauf haben eine erstaunliche Wirkung.

Ein freiberuflich tätiger Werbetexter hatte täglich aufs Neue Schwierigkeiten, sich auf seine Arbeit zu konzentrieren. Er konnte sich seine Motivationsschwierigkeiten nicht erklären, da er seinem Traumjob nachging, sein Kind über alles liebte und ihn auch die kleine Wohnung, die er bewohnte, nicht störte. Die dadurch geringen Lebenshaltungskosten ermöglichten ihm, Kind und Job zeitlich gut koordinieren zu können.

Gefragt nach seinen Wünschen, erwähnte er einen schöneren Arbeitsplatz. Sobald sein Kind im Kindergarten oder im Bett war, setzte er sich an den Küchentisch und versuchte zu arbeiten. Geschirr und übriger Kleinkram wurden in der Regel nur zur Seite geschoben.

Auf meinen Rat hin räumte er den Tisch nun jedes Mal vollständig leer, bevor er mit seiner Arbeit begann. Das Aufräumen kostete ihn zunächst Überwindung, da ja alles demnächst sofort wieder gebraucht würde (Sabotage durch Bedürfnis, unangenehmem Aufräumen aus dem Weg zu gehen).

Das Ergebnis war für ihn verblüffend. Er war weniger abgelenkt und konnte sich besser konzentrieren. Mit den gelungenen Werbetexten kam die Freude in sein Leben zurück.

Fällt es Ihnen noch schwer, sich Veränderungen vorzustellen, dann helfen Ihnen die nachstehenden Übungen. Gibt es Bereiche, in denen Sie sich ausgeliefert und hilflos fühlen? Oder haben Sie das Gefühl, keinen Überblick zu haben, dass Ihnen alles entgleitet und Sie im Raum trudeln? Setzen sie sich zur Seite und beschäftigen Sie sich bitte für einige Zeit mit diesen Aspekten.

Nehmen Sie sich einen Schreibblock oder setzen Sie sich an Ihren PC und sammeln Sie Ideen und Möglichkeiten, wie Sie Ihre Situation verändern möchten.

Was sollte, müsste sich verändern, damit Sie das Gefühl haben, Ihren Arbeitsbereich befriedigend beherrschen zu können:

* Inhalt der Tätigkeit,
* Aufgabenstruktur,
* Aufgabenmenge,
* Arbeitszeit,
* Arbeitsplatz?

Gehen Sie dabei so gut, wie es geht, in Details. In welchem Bereich wünschen Sie sich eine Veränderung und was genau muss passieren, damit diese möglich ist? (Weiterbildung, Abteilungswechsel ...)

Ihre belastenden Gefühle, Gedanken und Überzeugungen behandeln Sie auch jetzt sofort wieder mit dem emotionalen Selbstmanagement. Sie werden sehen, dass Sie damit einen freien Blick auf Ihre Veränderungsmöglichkeiten bekommen.

Neben strukturellen Bedingungen Ihrer Arbeitssituation wirkt, wie bereits beschrieben (S. 62), auch Ihr soziales Umfeld auf Ihre Motivation und Arbeitszufriedenheit.

Wie fühlen Sie sich in Ihrer kollegialen Umgebung? Sind Sie sicher eingebunden und fühlen Sie sich aufgehoben oder befinden Sie sich eher in einer Außenseitersituation? Arbeiten Sie in einem annehmbaren Verhältnis von Konkurrenz und Miteinander oder fühlen Sie sich belastet und eingeschränkt durch die Anforderungen, die von außen auf Sie einwirken oder die Sie selbst an sich stellen?

Achtung: Selbstsabotage-Gefahr (linkes Brillenglas):
«Alle Menschen sind erfolgreicher als ich», «Alle können sich anpassen, nur ich nicht», «Immer hat der Chef mich auf dem Kieker», «Ich muss immer alles ausbaden», «Alle Kollegen sind klüger, kompetenter … als ich», «Wenn ich von meinen Problemen erzähle, bin ich sowieso untendurch.»

Die Strategien und Übungen des emotionalen Selbstmanagements werden Ihnen helfen, mit neuem Schwung in den Arbeitsalltag zu gehen. Unabhängig davon, wie unterstützend die Methoden der Energetischen Psychologie sind, ist es klug, Schwierigkeiten und Probleme mit Außenstehenden zu erörtern.

Unterhalten Sie sich mit nahestehenden Kollegen, mit Freunden und Ihrer Familie über das, was Sie beschäftigt. Jeder sammelt in seinem Leben eine Vielzahl von Erfahrungen oder ist vielleicht schon in ähnlichen Lebenssituationen gewesen. Die Gedanken, Lösungen und Wege der anderen erweitern Ihr eigenes Spektrum an Ideen und Möglichkeiten. Das Gespräch mit Kollegen kann zudem die eigenen Wahrnehmungen und Einschätzungen relativieren. Nicht selten fühlt sich ein Betroffener selbst verantwortlich für seine Situation, fühlt sich inkompetent, hilflos und ausgeliefert. Einsam gegen den Rest der Welt ist die schwierigste Aufgabe, die Sie sich stellen können. Empfindet Ihr Kollege die Arbeitssituation genauso entwertend und frustrierend, sind Sie nicht mehr allein mit Ihren Schwierigkeiten. Diese Erkenntnis entlastet und befreit und macht den Blick für Veränderungen frei. Auch professionelle Unterstützung verändert den eigenen Blickwinkel und gibt neue Impulse.

Mut, Geduld und Zuversicht

«Auch die längste Reise beginnt mit dem ersten Schritt.»
(*Chinesische Weisheit*)

Manchmal herrschein Arbeitsbedingungen und Beschäftigungssituationen, aus denen es zunächst kein Entkommen gibt. Dann sollten Sie sich mit den Übungen des emotionalen Selbstmanagements entlasten. Akzeptieren Sie, dass die Gegebenheiten momentan so sind, wie sie sind. Damit verändern Sie Ihren Wahrnehmungsfokus.

Mit der Konzentration auf Ihre frustrierenden Arbeitsbedingungen gehör(t)en Sie bislang zu den Sammlern der grauenvollen Ereignisse.

Nehmen Sie sich umso mehr Zeit und Muße, sich mit längst vergessenen Ideen und Plänen zu beschäftigen.

Oftmals kommen sehr schnell Erinnerungen an alte Vorhaben zurück. Dinge, die Sie vielleicht schon seit Jahren gern einmal machen wollten und die Sie sich bislang nicht getraut, erlaubt oder zugestanden haben. Sicher fällt Ihnen auch Neues ein. Probieren Sie sich aus. Dies ist am einfachsten im Freizeitbereich möglich: Reiten, Kochen, chinesisch sprechen, angeln gehen, Inliner fahren, ehrenamtliches Engagement, politische oder freundschaftliche Aktionen. Auf diese Weise kommt Abwechslung in Ihren frustrierenden Alltag.

Nutzen Sie Ihren Familien- und Freundeskreis, um sich auszutauschen. Sammeln Sie Informationen über Menschen, Organisationen usw., die Ihren Ideen nahestehen.

Mit Ideen und Wünschen im Bewusstsein ist Ihre Aufmerksamkeit geschärft, und Sie gehen wachsam für Ihre Interessen, wie der Säbelzahntiger, auf die Jagd. Damit eröffnen sich häufig Lösungswege, die Sie vorher gar nicht wahrnehmen konnten. Der Zufall bekommt eine Chance, von Ihnen gesehen zu werden.[25]

Eine junge Berufskollegin hatte mit der Geburt ihres ersten Kindes ihren Job aufgegeben. In den ersten Jahren war sie mit ihrer Entscheidung sehr zufrieden. Mit zunehmender Routine wuchs jedoch ihre Unzufriedenheit. Als Hausfrau fühlte sie sich einerseits unterfordert, andererseits überforderte sie die Vorstellung, eine Teilzeitbeschäftigung mit Haushalt und

Kindern zu vereinbaren. Frustriert und demotiviert, bestritt sie ihren Alltag, eigene Bedürfnisse spürte sie zeitweise überhaupt nicht mehr. Sie war ständig müde und erschöpft.

Mit regelmäßigen Klopfübungen kam sie langsam wieder in einen ausgeglichenen Gefühlszustand. Sie erlaubte sich Auszeiten und beschäftigte sich wieder mit Fachthemen. Ihre beruflichen Wünsche konnte sie klar visualisieren, ohne dass sie zeitliche Perspektiven mit berücksichtigte. Irgendwann, so wünschte sie sich, würde sie gern in einem bestimmten Bereich tätig sein. Ihren zukünftigen Wunschaufgabenbereich malte sie sich ganz konkret aus.

Einige Zeit später berichtete sie mir, dass sie auf einem Kindertreff eine Bekannte wiedergetroffen habe, die für ihre Praxis stundenweise eine freiberufliche Mitarbeiterin suche. Zuerst habe sie vorgehabt, die Information einer arbeitssuchenden Freundin zu erzählen, doch dann habe sie an sich selbst gedacht. Sie habe die Zweifel und die Angst vor der neuen Situation beklopft und habe dann das Gespräch gesucht. Arbeitszeit und Tätigkeitsbereich passten zu den Wünschen der Klientin. Sie sagte zu. Die Arbeit gab ihr neue Selbstbestätigung und Anerkennung, die sich auf ihr gesamtes Leben positiv auswirkte.

Ein Wort zum Schluss

Niemand ist frei, der nicht über sich selbst Herr ist.
Matthias Claudius

Anhaltender Frust und Motivationsschwierigkeiten sind oft über lange Zeit gewachsen. Wie Sie gelesen haben, haben sie vielfältige Ursachen und wirken sich ganz unterschiedlich im Alltag aus. Dieses Buch gibt an einer Auswahl von Beispielen einen Einblick in die Vielfalt. Gleichzeitig war es mir wichtig aufzuzeigen, dass das Wichtigste für ein erfülltes Leben, Selbstbestimmung, Selbstwirksamkeit, Wertschätzung und Akzeptanz sind.

Das emotionale Selbstmanagement mit Hilfe des Klopfens ist ein wunderbares Instrument, mit dem Sie das Ruder in Ihrem Leben wieder in die Hand nehmen können.

Ich wünsche Ihnen, liebe Leser, dass Sie mit diesem Buch einen neuen Zugang zur Lösung Ihrer Motivationsprobleme bzw. Ihres Arbeitsfrustes bekommen und so auch Ihren Sonntag wieder genießen können.

Anhang

Literatur

Ben-Shahar, T.: Glücklicher. München 2007

Berking, M.: Training emotionaler Kompetenzen. Heidelberg, 2007

Bohne, M., Eschenröder, C., Wilhelm-Gößling, C. (Hrsg.): Energetische Psychotherapie – integrativ. Tübingen, 2006

Bohne, M.: Energetische Psychologie. Suggestionen 2007, 2, 32–52

Bohne, M.: Feng Shui gegen das Gerümpel im Kopf. Blockaden lösen mit Energetischer Psychologie. Reinbek bei Hamburg, 2007

Bohne, M.: Klopfen gegen Lampenfieber. Reinbek bei Hamburg, 2008a

Bohne, M.: Einführung in die Praxis der energetischen Psychotherapie. Heidelberg, 2008b

Briese-Neumann, G.: Zeitmanagement im Beruf: Zeit planen, Ziele festlegen, Arbeitsorganisation verbessern. Niedernhausen/Ts., 1997

Brinkmann, R. D., & Stapf, K. H.: Innere Kündigung – Wenn der Job zur Fassade wird. München, 2005

Csikszentmihalyi, M.: Das *flow*-Erlebnis. Stuttgart, 2008

Damasio, A.: Der Spinoza-Effekt, Berlin, 2005

Drucker, P. F.: Die Kunst, sich selbst zu managen. Harvard Business Manager, 2007, 1, 14–23

Ellis, A.: Die rational-emotive Therapie: Das innere Selbstgespräch bei seelischen Problemen und seiner Veränderung. München, 1977

Gallo, F., & Vincenci, H.: gelöst – entlastet – befreit – Klopfakupressur bei emotionalem Stress. Kirchzarten bei Freiburg, 3. Aufl. 2004

Gallo, F.: Energetische Psychologie. Kirchzarten bei Freiburg, 2000

Gallo, F.: Handbuch der energetischen Psychotherapie. Kirchzarten bei Freiburg, 2004

Guderian, C.: Arbeitsblockaden erfolgreich überwinden – Schluss mit dem Aufschieben, Verzetteln, Verplanen!. München, 2003

Hempen, C.-H.: dtv-Atlas Akupunktur. München, 2001

Huhn, G., & Backerra, H.: Selbstmotivation, Flow – Statt Stress und Langeweile. München/Wien, 2004

Kaluza, G.: Gelassen und sicher im Stress. Heidelberg, 2007

Rheinberg, F.: Motivation. Stuttgart, 2006

Robbins, A.: Das Robbins Power Prinzip. München, 1994

Schallberger, U.: Psychologie – Arbeitsfrust und Freizeitglück?. In: Aus der Arbeitswelt – Perspektiven und Analysen. www.g26.ch.info 2002

Schütte, E.: Karriereplanung für Frauen. Niedernhausen/Ts., 2001

Sher, B.: Ich könnte alles tun, wenn ich nur wüsste, was ich will. München, 2008

Storch, M.: Das Geheimnis kluger Entscheidungen. München, 2003

Storch, M.: Welcher Entscheidungstyp sind Sie?. Harvard Business Manager, 2007, 1, 7–12

Vollmeyer, R., Brunstein, J. (Hrsg.): Motivationspsychologie und ihre Anwendung. Stuttgart, 2005

Watzlawick, P.: Anleitung zum Unglücklichsein. München, 1983

Anmerkungen

1 In diesem Buch wird im Weiteren, aus Gründen der Vereinfachung, die männliche Form in der Ansprache gewählt.

2 EFT: Emotional Freedom Technique

3 EDxTM: Energy Diagnostic & Treatment Methods

4 Vgl. Bohne 2007 und 2008b für eine Vertiefung der theoretischen Grundlagen

5 Aus der Filmromanze ‹Kate & Leopold›

6 Siehe ausführlich: Kaluza 2007

7 Siehe http://www.g26.ch, 2002

8 Vgl. Csikszentmihalyi 2008

9 http://www.presseportal.de/meldung/719311/

10 Vgl. IFAK-Studie 2008

11 Vgl. Heckhausen, McClelland u. a.

12 Vgl. Rheinberg, Grawe u. a.

13 Vgl. Maslow

14 Vgl. Storch 2003

15 Vgl. Bohne 2007

16 Vgl. Bohne 2008a

17 Ebd.

18 Ebd.

19 Ebd.
20 Ebd.
21 Ebd.
22 Der Arzt und Psychotherapeut John Diamond empfiehlt, den Thymus-Punkt täglich im Walzer-rhythmus zu klopfen, um die Lebensenergie zu stärken (vgl. Gallo 2000).
23 Der Zufall bekommt so eine Chance in Ihrem Leben.
24 In Anlehnung an Bohne 2008a
25 http://www.zeit.de/campus/2008/02/zufall-erfolg
26 vgl. Csikszentmihalyi 2008
27 Im Unterschied zu Glückserfahrungen, die wir nicht bewusst herbeiführen können, wie z. B. einen Lottogewinn